陳福成著

陳福成著作全編

第一冊　決戰閏八月

文史哲出版社印行

國家圖書館出版品預行編目資料

陳福成著作全編 / 陳福成著. -- 初版. --臺北市：文史哲,民 104.08
頁： 公分
ISBN 978-986-314-266-9（全套：平裝）

848.6 104013035

陳福成著作全編

第一冊 決戰閏八月

著　者：陳福成
出版者：文史哲出版社
http://www.lapen.com.tw
登記證字號：行政院新聞局版臺業字五三三七號
發行人：彭正雄
發行所：文史哲出版社
印刷者：文史哲出版社
臺北市羅斯福路一段七十二巷四號
郵政劃撥帳號：一六一八〇一七五
電話886-2-23511028・傳真886-2-23965656

全 80 冊定價新臺幣 36,800 元

二〇一五年（民一〇四）八月初版

ISBN 978-986-314-266-9 08981

陳福成著作全編總目

總序：陳福成的一部文史哲政兵千秋事業

陳福成先生，祖籍四川成都，一九五二年出生在台灣省台中縣。筆名古晟、藍天、司馬千、鄉下人等，皈依法名：本肇居士。一生除軍職外，以絕大多數時間投入寫作，範圍包括詩歌、小說、政治（兩岸關係、國際關係）、歷史、文化、宗教、哲學、兵學（國防、軍事、戰爭、兵法），及教育部審定之大學、專科（三專、五專）、高中（職）等各級學校國防通識（軍訓課本）十二冊。以上總計近百部著作，目前尚未出版者尚約二十部。

我的戶籍資料上寫著祖籍四川成都，小時候也在軍眷長大，初中畢業（民57年6月），投考陸軍官校預備班十三期，三年後（民60）直升陸軍官校正期班四十四期，民國六十四年八月畢業，隨即分發野戰部隊服役，到民國八十三年四月轉台灣大學軍訓教官。到民國八十八年二月，我以台大夜間部（兼文學院）主任教官退休（伍），進入全職寫作高峰期。

我年青時代也曾好奇問老爸：「我們家到底有沒有家譜？」

他說：「當然有。」他肯定說，停一下又說：「三十八年逃命都來不及了，現在有個鬼啦！」

兩岸開放前他老人家就走了，開放後經很多連繫和尋找，真的連鬼都沒有了，茫茫無垠的「四川北門」，早已人事全非了。

但我的母系家譜卻很清楚，母親陳蕊是台中縣龍井鄉人。她的先祖其實來台不算太久，按家譜記載，到我陳福成才不過第五代，大陸原籍福建省泉州府同安縣六都施盤鄉馬巷。

第一代祖陳添丁、妣黃媽名申氏。從原籍移居台灣島台中州大甲郡龍井庄龍目井字水裡社三十六番地，移台時間不詳。陳添丁生於清道光二十年（庚子，一八四〇年）六月十二日，卒於民國四年（一九一五年），葬於水裡社共同墓地，坐北向南，他有二個兒子，長子昌，次子標。

第二代祖陳昌（我外曾祖父），生於清同治五年（丙寅，一八六六年）九月十四日，卒於民國廿六年（昭和十二年）四月二十二日，葬在水裡社共同墓地，坐東南向西北。陳昌娶蔡匏，育有四子，長子平、次子豬、三子波、四子萬芳。

第三代祖陳平（我外祖父），生於清光緒十七年（辛卯，一八九一年）九月二十五日，卒於（年略記）二月十三日。陳平娶彭宜（我外祖母），生光緒二十二年（丙申，一八九六年）六月十二日，卒於民國五十六年十二月十六日。他們育有一子五女，長子陳火，長女陳變、次女陳燕、三女陳蕊、四女陳品、五女陳鶯。

以上到我母親陳蕊是第四代，到筆者陳福成是第五代，與我同是第五代的表兄弟姊妹共三十二人，目前大約半數仍在就職中，半數已退休。

寫作是我一輩子的興趣，一個職業軍人怎會變成以寫作為一生志業，在我的幾本著作都詳述（如《迷航記》、《台大教官興衰錄》、《五十不惑》等」。我從軍校大學時代開始寫，從台大主任教官退休後，全力排除無謂應酬，更全力全心的寫（不含為教育部編著的大學、高中職《國防通識》十餘冊）。我把《陳福成著作全編》略為分類暨編目如下：

壹、兩岸關係

①《決戰閏八月》②《防衛大台灣》③《解開兩岸十大弔詭》④《大陸政策與兩岸關係》。

貳、國家安全

⑤《國家安全與情治機關的弔詭》⑥《國家安全與戰略關係》⑦《國家安全論壇》。

參、中國學四部曲

⑧《中國歷代戰爭新詮》⑨《中國近代黨派發展研究新詮》⑩《中國政治思想新詮》⑪《中國四大兵法家新詮：孫子、吳起、孫臏、孔明》。

肆、歷史、人類、文化、宗教、會黨

⑫《神劍與屠刀》⑬《中國神譜》⑭《天帝教的中華文化意涵》⑮《奴婢妾匪到革命家之路：復興廣播電台謝雪紅訪講錄》⑯《洪門、青幫與哥老會研究》。

伍、詩〈現代詩、傳統詩〉、文學

⑰《幻夢花開一江山》⑱《赤縣行腳・神州心旅》⑲《「外公」與「外婆」的詩》、⑳《尋找一座山》㉑《春秋記實》㉒《性情世界》㉓《春秋詩選》㉔《八方風雲性情世界》㉕《古晟的誕生》㉖《把腳印典藏在雲端》㉗《從魯迅文學醫人魂救國魂說起》㉘《60後詩雜記詩集》。

陸、現代詩（詩人、詩社）研究

㉙《三月詩會研究》㉚《我們的春秋大業：三月詩會二十年別集》㉛《中國當代平民詩人王學忠》㉜《讀詩稗記》㉝《嚴謹與浪漫之間》㉞《一信詩學研究：解剖一隻九頭詩鵠》㉟《囚徒》㊱《胡爾泰現代詩臆說》㊲王學忠籲天詩錄。

柒、春秋典型人物研究、遊記

㊳《山西芮城劉焦智「鳳梅人」報研究》㊴《在「鳳梅人」小橋上》㊵《我所知道的孫大公》㊶《孫大公思想主張手稿》㊷《金秋六人行》㊸《漸凍勇士陳宏》。

捌、小說、翻譯小說

㊹《迷情・奇謀・輪迴》㊺《愛倫坡恐怖推理小說》。

玖、散文、論文、雜記、詩遊記、人生小品

㊻《一個軍校生的台大閒情》㊼《古道・秋風・瘦筆》㊽《頓悟學習》㊾《春秋正義》㊿《公主與王子的夢幻》(51)《洄游的鮭魚》(52)《男人和女人的情話真話》(53)《台灣邊陲之美》(54)《最自在的彩霞》(55)《梁又平事件後》。

拾、回憶錄體

(56)《五十不惑》(57)《我的革命檔案》

(58)《台大教官興衰錄》(59)《迷航記》(60)《最後一代書寫的身影》(61)《我這輩子幹了什麼好事》(62)《那些年我們是這樣寫情書的》(63)《那些年我們是這樣談戀愛的》

(64)《台灣大學退休人員聯誼會第九屆理事長記實》。

拾壹、兵學、戰爭

(65)《孫子實戰經驗研究》(66)《第四波戰爭開山鼻祖賓拉登》。

拾貳、政治研究

⑰《政治學方法論概說》⑱《西洋政治思想概述》⑲《中國全民民主統一會北京行》⑳《尋找理想國：中國式民主政治研究要綱》。

拾參、中國命運、喚醒國魂

㉑《大浩劫後：日本311天譴說》、《日本問題的終極處理》㉒《台大逸仙學會》。

拾肆、地方誌、地區研究

㉓《台北公館台大地區考古・導覽》㉔《台中開發史》㉕《台北的前世今生》㉖《台北公館地區開發史》。

拾伍、其他

㉗《英文單字研究》㉘《與君賞玩天地寬》（別人評論）㉙《非常傳銷學》㊵《新領導與管理實務》。

我這樣的分類並非很確定，如《謝雪紅訪講錄》，是人物誌，但也是政治，更是歷史，說的更白，是兩岸永恆不變又難分難解的「本質性」問題。

以上這些作品大約可以概括在「中國學」範圍，如我在每本書扉頁所述，以「生長在台灣的中國人為榮」，以創作、鑽研「中國學」，貢獻所能和所學為自我實現的途徑，以宣揚中國春秋大義、中華文化和促進中國和平統一為今生志業，直到生命結束。我這樣的人生，似乎滿懷「文天祥、岳飛式的血性」。

抗戰時期，胡宗南將軍曾主持陸軍官校第七分校（在王曲），校中有兩幅對聯，一是「升官發財請走別路、貪生怕死莫入此門」，二是「鐵肩擔主義、血手寫文章」。前聯原在廣州黃埔，後聯乃胡將軍胸懷，「鐵肩擔主義」我沒機會，但「血手寫文章」的

「血性」俱在我各類著作詩文中。

人生無常，我到六十三歲之年，以對自己人生進行「總清算」的心態出版這套書。

回首前塵，我的人生大致分成兩個「生死」階段，第一個階段是「理想走向毀滅」，年齡從十五歲進軍校到四十三歲，離開野戰部隊前往台灣大學任職中校教官。第二個階段是「毀滅到救贖」，四十三歲以後的寫作人生。

「理想到毀滅」，我的人生全面瓦解、變質，險些遭到軍法審判，就算軍法不判我，我也幾乎要「自我毀滅」；而「毀滅到救贖」是到台大才得到的「新生命」，我積極寫作是從台大開始的，我常說「台大是我啟蒙的道場」有原因的。均可見《五十不惑》、《迷航記》等書。

我從年青立志要當一個「偉大的軍人」，為國家復興、統一做出貢獻，為中華民族的繁榮綿延盡個人最大之力，卻才起步就「死」在起跑點上，這是個人的悲劇和不智，正好也給讀者一個警示。人生絕不能在起跑點就走入「死巷」，切記！切記！讀者以我為鑑！在軍人以外的文學、史政有這套書的出版，也算是對國家民族社會有點貢獻，對自己的人生有了交待，這致少也算「起死回生」了！

順要一說的，我全部的著作都放棄個人著作權，成為兩岸中國人的共同文化財，而台北的文史哲出版有優先使用權和發行權。

這套書能順利出版，最大的功臣是我老友，文史哲出版社負責人彭正雄先生和他的夥伴們。彭先生對中華文化的傳播，對兩岸文化交流都有崇高的使命感，向他和夥伴致上最高謝意。

台北公館蟾蜍山萬盛草堂主人　陳福成　誌於二〇一四年五月榮獲第五十五屆中國文藝獎章文學創作獎前夕

序一
——面對危機，必須超越危機

陳維昭（國立台灣大學校長）

海峽兩岸的關係以及未來可能的發展，無疑是國人所時時關切的問題。自從國內政治解嚴，開放大陸探親以來，兩岸間人民頻繁的接觸以及日增的經貿交流，使過去尖銳的敵對狀態有明顯緩和的趨勢，國人也因而滿足於目前經濟繁榮與民主開放的社會環境而逐漸淡忘了中共的可能威脅。然而不可否認的，中共一直堅持不放棄以武力解決台灣問題的主張，使兩岸未來發展仍充滿著不穩定性，這也是為何民國八十三年「一九九五年閏八月」一書出版之後，會造成人心相當程度衝擊的主要原因。

本校教官陳福成君勤奮好學，平時潛心軍事理論與實際，對中共建軍思想、本質、歷史演變以及兩岸兵力狀況均有相當程度的研究與了解。今陳教官將其多年研究心得整理成書，名為「決戰閏八月」，對兩岸可能的軍事衝突、政治經濟對戰爭可能的影響等問題均有論述，書中有多項論點並經與本校多位教官充分討論交換意見，全書應有相當程度的參考價值。

陳維昭教授

學歷：臺大醫學院醫科畢業(1958-1965)
日本國立東北大學醫學博士（日政府獎學金，1972-1975)
美國約翰霍浦金斯大學公衛碩士(1988-1989)

經歷：臺大醫學院外科教授
美國辛辛那提大學外科客座研究副教授
中華民國小兒科外科醫學會理事長
中華民國外科醫學會、癌症醫學會、台灣醫學會常務理事
台大醫學院院長

現任：台大校長

序二 ——知己知彼，百戰不殆

宋　文（教育部軍訓處處長）

國家安全是國家一切建設的根本，沒有安全，便沒有一切，這個道理相信大家都能體會。當前對我們國家安全威脅最大的，還是中共可能以武力犯台的行動。中共國家主席江澤民在今年農曆除夕，提出所謂「江八點」談話，雖然表達了促進兩岸關係的意願，但是還是不肯放棄以武力進犯台灣的承諾，使台海地區仍然處於不穩定的狀態。

其實，就戰略理則而言，有無進犯的能力，要比有無承諾重要的多，因為承諾可以一夕反悔，能力卻需要長期的建立。所以中共武力犯台的能力與可能的方式，才是我們應該注意和討論的課題。台灣大學軍訓教官陳福成中校，潛心研究軍事戰略頗有心得。今茲就其有關「中共武力犯台」論點編輯成書，其中立論採證均十分中肯翔實，實有助於所有關心國家安全的國人斟酬參考。

謹序

宋　文將軍

學歷：學歷：陸官35期．陸院67年班．戰爭學院69年班

兵研所74年年班。

經歷：三軍大學兵研所教官

國防部中將參事

81年國防白皮書編撰人

現任：教育部軍訓處處長

序三

——破除「閏八月」的非理性謎思

韓懷豫（台灣大學總教官）

海峽兩岸經四十五年的對峙，近年來雖經貿交流頻繁，但政治協商仍無進展，且近日「江八點」談話中仍不放棄以武力犯台，更於蘇聯瓦解，中共北方威脅大減，國際戰略前線南移台灣海峽、南海諸島，爭議漸多，尤其中共經濟成長快速，促其軍事現代化腳步加速進行，軍事演習也以三軍聯合演習為主，演習地區也由北方漸向南移，尤以東海四號演習，在金門南端數十海浬的東山島實施，此地區不但是民國四十二年國軍東山島登陸作戰地區，並面對澎湖列島，使台灣倍感威脅，海峽兩岸軍事衝突的預測及說法在坊間也甚多著書流傳。

中華兵學，源遠流長，漢唐盛世，文韜武略教於庠序，文武合一教育，為強國強種之本。而近和平幻覺迷漫，多為所謂改革人士作為攻擊軍訓教育的藉口，以自毀長城，不知今日戰爭乃全民的戰爭，兩岸人口、地域、兵力比例懸殊，唯有建立全民的國防共識，才是自救之道，尤其高級知識份子是社會的中堅，必須從了解軍事，熟習國家戰略，才能引導國家走入康莊大道。

本書中，陳先生對解放軍建軍思想、意識型態、危險性本質等評論，甚具邏輯實證之概念；解放軍建軍四十餘年來，發動局部戰爭、武裝衝突，從民國三十九年國共內戰至民國七十六年中越邊境戰役，多達二十六次之多，其中抗美援朝戰爭（韓戰）及懲罰越南戰爭，及六四武力鎮壓學生，均為非理性及不合國家利益之戰爭行為，極具暴力性及危險性，深值生長在自由民主環境的我們警惕。

陳先生為本校優秀教官，平時敏思好學，尤對軍事理論，多有研究，所著本書經本校全體教官討論，並提供意見，為一專業性、可信度較高之著作，茲所見以為序。

韓懷豫將軍

學歷：陸軍官校32期
陸軍指參學院66年班
戰爭學院72年班
經歷：師砲兵指揮官、軍砲兵指揮官
陸總部後勤署副署長
現任：台灣大學軍訓室少將總教官

序四

——「閏八月」的消毒免疫劑

蘇進強（國策中心國防專家）

長期以來，中華人民共和國是否出兵攻打在台灣的中華民國，一直是舉世關注的焦點，然而，在政策理論與北京的動向之間也一直存在著重大的分歧。

事實上，依戰爭學的角度來度衡敵對國家間是否干戈相見，是無法僅以雙方兵力數而據以判斷能或不能、打或不打的，兵學家均謂戰爭是藝術，而不是兵馬排排站比多比少、論強論弱的量化課題。準此以觀，中國人民解放軍當然有能力發動戰爭，相對的，台灣的國軍又豈無力反擊，甚至冒險主動出擊？故而，臆測中華人民共和國是否會出兵台海或冀求其做出放棄武力攻台的承諾，對台海安全或有形式上的意義，但在實質上則未必有多大的價值，換言之，台海安全不能也不可以寄託在北京單方面的所謂「善意」式承諾之上。

可以肯定的是，戰爭絕非單方面的行為，而現代戰爭所涉及的因素也不僅是兵力、武器或國與國之間的政、經力量對比，任何國家間的戰爭其實是該一區域間共有的災難。以台海而論，無論中華人民共和國或在台灣的中華民國如何各說各話將兩岸問題界定為「內政」、「內戰延伸」或一中一台互不相屬，然而，一旦台海戰起，又有誰能否認那不是亞太區域的問題？即連北京政府也要一九九三年八月卅一日在其發佈的所謂「台灣問題與中國統一」白皮書中，強調「長期以來，台灣問題一直是亞洲與太平洋地區一個不穩定的因素」，由此可見，台海安全問題早已是一個國際化的亞太區域性問題，而這也正是北京領導班子所一直不敢對台海冒進的關鍵因素；再者，戰爭所要考量的安全問題，即是「風險成本」，若此一風險成本比勝戰之後所得者為小，則當然可以一試，反之，則不可不察「兵者，國之大事」，不可不「多算勝，少算不勝」，波灣戰爭伊拉克以大欺小，但其強人海珊未將國際因素算計在內，以為穩操勝算，其結果又是如何？北京政府又豈能打一場足以亡本、足以摧毀四化成果，足以使其經濟倒退廿年以上的沒有把握的戰爭？

進言之，北京的最高戰略即「不戰而屈人之兵」，即「和戰兩手」的策略，其再在的宣示「不承諾放棄武力攻台」的政治戰略，所獲得的戰略效果，其實已較實際出兵台海為大。因此，武力為中華人民共和國汲取台灣政經資源的政治手段，殆可確認。而此一效應，只要從去年坊間一本預言式的「一九九五閏八月」所產生的社會恐慌，即不難窺知中共其實已達到以武力恫嚇我國的政治、心理戰的目的。

誠然，全世界任何一個國家均無法免除國防安全的威脅，即連永久中立國的瑞士亦然，何況我國？因此，除非我國二千一百萬人民執意接受中華人民共和國的統治，否則，兩岸關係無論進展到什麼階段，我國都必須面對無所不在，事實上也不能完全免除的安全威脅。只是，我們不必、也不應墮入中共武力恫嚇我國的黑洞中，而對國民安全產生怪力亂神的迷思，甚而驚慌失措。

基於此，陳福成君的大作《決戰閏八月——後鄧時代中共武力犯台研究》，在被外界質疑為妖言惑眾的「一九九五閏八月」效應過後問世，且以較專業及符合戰爭學的架構來剖析有關中共武力犯台的相關因素，使讀者對台海安全問題能有比較清楚的認知，即具有對「一九九五閏八月」的消毒免疫功能，實為不可多得的力作，值得向讀者推薦。

蘇進強先生

筆名履疆，三軍大學、研究所畢業
專業國防研究，業餘從事文化工作與文學創作
曾獲國內各類文藝類項廿餘次
著有論文「台灣安全與國防發展」、評論「台灣獨不獨V.S.中共打不打」
文學作品小說「楊桃樹」、「春風有情」、「我要去當國王」
散文集「讓愛自由」等廿餘冊

自序

民國八十三年八月一日，「一九九五年閏八月」一書出版後，引起海內外一陣騷動。包括各黨派在立法院舉辦公聽會，立法委員對政府官員質詢，美國國會舉辦聽證會，中美戰略專家評估共軍犯台之企圖及能力，大家都在為中國問題大傷腦筋，甚至中共國家主席江澤民澄清說「我是總書記亦是國家主席，特別還是軍委主席，我都不知道有這件事，目前中共絕沒有如書上所說的攻台計畫。」（註釋①）真相如何！另一個事實所展現的共軍在台海附近地區，不斷進行大規模三軍聯合演習，而且演習地點越來越近。國軍被迫加強戰備，包括室內沙盤推演，野外現地演習，各部隊逐級推演防衛作戰計畫；某些社會學者分析，造成移民潮與「一九九五年閏八月」有關，國內這份「情緒性恐慌」的餘悸至今尚未平息。

數月以來，各家對中共武力犯台的事，討論評論雖多，但多限於「會不會、能不能」一種簡答題式的答案。未見有在專業、客觀與理性的基礎上，提出合理可信的研究報告。當時作者正好在台灣大學講授「戰爭概論」，與學生討論過甚多關於武力犯台的問題。綜合來說，「一九九五年閏八月」一書，最大的肯定應是喚起國人的憂患意識，並將中共武力犯台搬上台面公開討論，對台灣社會具有頗高的正面價值。但最大缺失是欠缺客觀分析，對事實觀察不夠深入，對政治現實的解析不夠明確，對武力犯台的軍事技術、戰術、能力、實施步驟等，並未有專業素養較佳的分析比較，才導致對「結局」的判斷不夠正確。所以有人把這本書（一九九五年閏八月）當小說看，有學者評之「真數百分之五，負面警告百分之九十五。」（註釋②）而在美國有一場討論會，與會者認為「一本充滿臆測與不實際資料的書」，就讓台灣民間人心惶惶（註釋③）。令人不可思議，政府責任實在「關係很大」。

由於這些原因，加上作者在野戰部隊二十年經歷，近半時間在金馬等各外島，深知中共武力犯台，若想打一場成功的渡海登陸作戰，這是一個高度政治及軍事專業問題。乃決心撰寫本書。

本書共分三部十章。第一部有六章，針對影響武力犯台政策之因素進行分析·;第二部有四章，針對犯台時機、能力及可能行動方式進行評估·;第三部包含五項結論,對一九九五以後的中國政經形勢提出趨勢預測,指出兩岸關係「化解對立,邁向和平」的可能方案。所以撰寫本書的目的在於對「中共武力犯台」這個問題，提出一篇客觀、可信度高、有專業水準及可讀性高的「大眾化報告」，祈願社會各界不吝批評指教。

本書能夠出版，要感謝大人物管理顧問公司暨金台灣出版公司總經理范揚松先生、總編輯伍翠蓮小姐，有他們鼎力幫忙得以順利出版上市。教育部軍訓處處長宋文將軍、國立台灣大學校長陳維昭教授、台灣大學總教官韓懷豫將軍、國家政策研究中心國防專家蘇進強先生均在百忙之中提供寶貴的意見指導，並為本書作序，謹此感謝。

謹將本書獻給我的

父親　四川成都　陳建民

母親　台中龍井　陳　蕊

永恒追念他們

註釋

①中國時報，八十三年十月十二日，第一版。

②林中斌，〈台海風雲與台灣生機〉，中國時報，八十三年十二月二十日，第十一版。

③自由時報，八十三年十一月二十一日，第六頁。

決戰「閏八月」目錄

第三篇　結論——一九九五後的中國

附圖

導論

台灣已立於必敗之地？

——對閏八月的二十點批判

《導論》

台灣已立於必敗之地？

——對「閏八月預言」的二十點批判

八十三年八月「一九九五閏八月」一書（作者鄭浪平，商周出版，以下簡稱閏書）開始在市面流通，造成長達半年多時間的轟動，包含國內外戰略學家的評論，台灣黨政軍各界首長的嚴重關切，立法院針對「一九九五閏八月」之事對國防部長、參謀總長的質詢；美國負責亞太事務的官員亦急於澄清問題。台灣有許多人更是急得有如熱鍋上的螞蟻，整個工作、事業、生活，都受到「一九九五閏八月」的影響，甚至報章雜誌報導「第二波移民潮就是一九九五閏八月惹出來的。」可見這本書確實造成一段時間的轟動、聳動。

到底閏書講了甚麼，引起這麼大的震撼，歸結一句話，該書作者鄭浪平先生大膽指出，中共武力犯台的時間便是一九九五年閏八月，或其二至三年內，閏書作者稱這場戰爭爆發日為T日（Taiwan's Fall Day），就是因為閏書作者認為不論政治、經濟、軍事，台灣都不是大陸的對手，戰爭又是必然會到來，而「戰敗淪亡」是已知的結局。其實這本書漏洞、破綻到處都是，現在閏書出版已過半年，社會大眾之情緒已經平靜，可以用比較冷靜、客觀、理性的角度來思考，以下提出對閏書的二十點批判。

1. **相關資料來源或依據沒有交待：**

原本閏書並非學術論著，依情理可以不必交待使用資料之來源或依據，但針對這樣一個事關二千萬人生命財產的事，說話就要有根有據，否則就是危言聳聽、謠言。閏書作者提到一九九二年隨母親回大陸探親，發現中共攻臺的大秘密，又說攻臺時間在一九九五年閏八月。（註釋①）這發現過程如何？相關人證物證又如何？以一個探親旅客如何能接觸到中共國家級的「絕對機密」？這些都是存疑極大的地方。當然，若是寫小說、散文之類作品，不必有這些顧慮，大可發揮想像力，無中生有。但是，Taiwan's Fall Day何等重要？難道不必交待一些有根有據的陳述嗎？

2.**用宗教、神道解釋政治問題的不當**：

閏書為了要使人相信一九九五年閏八月將有巨變，乃用一些宗教、讖緯、奇門遁甲、推背圖等預言做註解。尤其可怕的地方，在該書的自序上說：

預感台灣可能遭到歷史巨變覆滅命運的講法，却由基督教的一些偏向靈感派的信徒團體，特別是海外華人教會，公開發出警告，認為上主已經指示出，台灣將會受到上主的審判，因此信徒應該做好逃難的準備計畫。（註釋②）

全書尚有多處使用宗教預言做解釋，其實我們研討此等國家大事，要分清「預言」和「預測」之不同，把握其不同領域內的意義，宗教神道上用「預言」，可以不必有根據；但「預測」是科學用語，要有根有據。「中共是否武力犯台？」是敏感的政治、軍事問題，當然要使用科學用語，再者，神道、宗教、政治、軍事都各有不同領域，不能混為一談。

3.**用語概念不清，語意不明**：

閏書使用很多無法解釋的用詞，如「傳說」、「天機」、「第六感」、「異夢」、「異兆」、「直覺」、「上主」、「預感」等等。如果今天是瓊瑤寫愛情小說，或倪匡先生寫科幻小說，則用這些詞彙最能引人入勝，而且讀者也能會意其內涵。除此之外，凡是要考量到可信度，有效傳達訊息，例如新聞、評論、學術論文等，都不能使用類似這些詞彙。「中共武力犯台」是關係國家存亡、東亞安定、人民生命財產，何等大事？怎能用一些不能解釋、觀察的用詞，一場戰爭是否會爆發？何時爆發？要從情報着手，做敵情徵候分析，做政情研判，請問用「第六感」、「異夢」，有人能懂嗎？

4. **對兩岸戰爭指導者的比較仍是第一波戰爭思想**：

閏書從兩岸負責戰爭指導者的比較，就預先設定一個結果：這一仗不用打了—台灣已經輸了。兩岸負責戰爭指導者，在中共有鄧小平，中央軍委副主席劉華清、張震、國防部長遲浩田、總參謀長張萬年等人；我方有李總統登輝先生、國防部長孫震（83年8月）、參謀總長劉和謙將軍等，按閏書作者之意，中共鄧小平曾是徐州會戰戰略指揮官，劉華清出自二野，張震出自三野、遲浩田是韓戰英雄、張萬年是打越戰爭中的英雄，而且個個都是國共鬥爭高手，身經百戰。反觀我們的陣容，劉和謙將軍曾在台海與共軍有過海戰記錄，孫震先生當過一年預官，其他沒有軍事上的閱歷，經由這樣的比較得知，台灣輸了。

這樣的比較方法，其實是「第一波時代的戰爭思想」，與現代第三波思考模式，其實已經落後三百年以上。如果用閏書作者的比較法，一九九一年波斯灣戰爭時雙方的戰略指導者，伊拉克總統海珊是身經百戰者，美國總統布希不過在越戰時開過幾天飛機，但結局如何呢？用第一波時代思考方法比較，豈不跌破眼鏡。

5. 不適合用「第三波」標準衡量共軍

閏書以美國打波斯灣戰爭的模式，套用在共軍上面，認為共軍也可能發動「第三波台海戰爭」，這裡首先看看「第三波戰爭」如何打？

㈠C^3I已經不夠用，C^4I才行。

㈡用電腦的兵比拿槍的兵多。

㈢知識為導向，每個官兵都受過高素質的教育。

㈣整個作戰計畫從開始到結束，到戰爭遂行與終戰，依賴的不光是電腦、資料庫、衛星，還包括了完美的系統整合。

㈤在戰略上是「空地一體」（指太空、天空、陸地、海面、海底），即所謂「空地整體作戰」。

㈥權力下授，各級指揮官乃至戰場上每個成員，都要有獨立思考、判斷能力。

㈦科技是影響戰爭成敗背後的「黑手」，「分眾摧毀」成為一種科技表演。（註釋④）

現在來看看打這場戰爭的美軍素質。百分之九十八高中以上，准將級將官有百分之八十八具備深造教育。（註釋⑤）反觀共軍，士兵平均教育水準止於小學階段，軍官水準稍佳，但以「又紅又專」為導向，以「政治意識型態」論成敗，距離第三波水準還遠。故用第三波水準衡量共軍是明顯的錯估，第二波或其過渡應較適切。

6.**錯把「原則」當「定律」**：

閨書錯把原則當定律的地方有兩處，其一，他認為凡挑戰中國主權必引爆戰爭。他說：

中國認為傷害到自己至尊主權的事件，都會不計其較代價的發動戰爭，只為

爭取無實質利益的主權尊嚴。這在西方國家認為是不可思議的政策，却是中國人幾千年奉行的戰爭定律。（註釋⑥）

其二、對中國歷史上分分合合的循環，但終歸統一，此種現象閏書作者也視之為定律。他說：

只要中原政權完成統一，而且又沒有外敵的安全威脅牽制，加上分裂政權陷入內部鬬爭與發展瓶頸時，就會出現統一的中國歷史發展定律，這個定律是以中原政權為主導，並不理會分裂政權的意願是否一致。（註釋⑦）

先說第一個「戰爭定律」。所有進行科學研究的學者，都有一個共同的認知，在社會科學範圍內並無所謂「定律」的存在，只有原則（或稱通則、法則），在數理或自然科學範圍內才有定律的存在，所以不論戰爭或軍事上，也都沒有定律，全世界都如此，絕對找不出有那一條定律，說是在某種狀況下會引爆戰爭。閏書作者引明朝鄭和下南洋為例，說是明成祖為了有朝一日惠帝回來挑戰主權，才組成艦隊，七入南洋尋找惠帝下落。其實最重要的原因有故元後裔雄踞西亞準備復國、倭寇（日本）沿海暗通奸臣企圖滅明、亡命者聚眾三佛齊國（今蘇門答剌南部之寶林鈞邦Palembang）霸佔航道，牽制故元後裔帖木兒帝國使其不能為害大明（註釋⑧）。閏書作者錯解歷史事件，又拿來做為驗證定律的經驗，是很大的錯誤。縱使真如閏書所言是為了尋找惠帝下落，也不能證明戰爭定律，因為**戰爭並沒有定律，只有戰爭原則**。

再說第二個「中國歷史發展定律」，按閏書作者之意，中共政權目前沒有外來威脅（指蘇聯瓦解），區域霸權氣候已成，中國將經由戰爭手段重回大一統局面，其實中國自古以來，大一統都只是「法則」而不是定律，因為社會科學沒有定律，遠的不說，中國近代史上出現過「蒙古人民共和國」、「台灣民主國」、「唐奴烏梁海共和國」、「滿州國」等，當然各有其政治背景，但至少說明一件事，大一統是法則不是定律，法則可以容忍例外或個案，定律則不能。再者，未來統一的形式也還有變數，例如聯邦、邦聯等等，這些和大一統也都有很大差距，所以說中國統一確實有很大彈性。

7. **總統直選不等於台灣獨立**：

閏書第一章提到台灣即將舉行總統直選，因此政治結構將會在總統直選之後，出現數十年來根本的改變，因而衝擊到兩岸關係，陷於僵局。這個思考程序似過於主觀，總統直選並非就是台灣獨立，除非台灣多數人民選擇獨立之路，則有可能選出主張台獨的總統。但八十三年的省市長民選時已經驗證過，主張台獨無法被多數選民接納，台獨的「市場」有限，故對即將到來的總統民選，也不會出現主張台獨的人當選為首任民選總統，這是合理的預測（不是預言）。

8. **武力犯台仍須顧慮國際關係**：

閏書認為中共在聯合國擁有否決權，故中共若武力犯台可以保證聯合國對台灣沒有任何正式幫助，美國又顧慮中共的核武威脅及經濟利益，對台灣遭受中共攻擊時也不會插手管事（註釋⑨）。然而中國統一問題早已是國際問題，封鎖海峽或戰爭，都涉及第三國航行權問題。再者，美國也表示過，若中共悍然封鎖台海，美國政府將採取必要行動並諮商國會及其盟邦（註釋⑩）。尤其近來台灣與美國關係逐漸改善，世界各民主國家對中共內部政局及人權問題日愈關切，可見中共武力犯台已不是單純的中國問題，而是國際問題，當然受到國際關係影響，中共若想用武力解決台海爭端，對國際環境仍須顧慮。

9. **發動台海戰爭的經濟代價**：

閏書從中共參加韓戰、打越戰都不在乎花大錢，推論出若打台灣也不在乎經濟因素，如果從共產主義的本質來看是正確的，畢竟在那種人人都瘋狂的時代，可以「只要核子，不要褲子」，但民主潮流沖破鐵幕，市場經濟也成為中共必須走下去的不歸路，經濟改革已經發動，每年經濟成長率大致是百分之十，依鄧小平的目標到二〇五〇年可以達到「中度開發國家」，個人年所得約四千美元（註釋⑪）。經濟改革如同政治改革，一經發動便不能停止或倒退，理由有二：其一、搞經濟可以讓人民生活改善，這與保住政權息息相關，所以今天不僅民間，連軍方也成為強大的商貿集團，經營範圍包括化妝品、珠寶、食品、電器、車輛、旅館，甚至卡拉ＯＫ、商場等（註釋⑫）。再者，軍隊要現代化，要發展航母，採購武器，要成為區域強權，這些都得要錢，依賴經濟改革來賺錢才能辦到。若中共悍然發動台海戰爭，除戰費外，其經濟改革和外資的負面效應恐須加以評估，畢竟今天的環境和當年「文化大革命時代」已有很大不同，閏書作者所說「大陸絕大多數人民都渴望解放台灣，接收台灣同胞財產」，人民幾乎壓倒性的支持中共政權解放台灣（註釋⑬）。這樣的說詞，可能是對事實的觀察不夠深入。

10. **國防經費連年增加不光是為台灣**：

中共的國防預算近五年來平均年成長率是百分之二十，造成亞洲國家緊張，依閏書作者說法，中共國防預算增加，似全為了打台灣。他說：

中共軍方已經接近完成軍事行動的佈署與演習，這種大量消耗與高度緊張的軍事準備，是無法長期的維持下去，必定要在短期間內採取行動，中共政權除了選擇攻佔台灣有多種特別價值的戰略目標之外，很難會有其他的選擇。（註釋⑭）

中共投下大筆國防預算，主要是配合國防政策上的需要。其一，因應後冷戰時代國防重點因「三北」轉「四海」的需要，這是邁向海洋主義的開始。其二、為突破目前地理國境之限制，擴張「戰略國境」的範圍，增強國際上的影響力。其三、因應可能爆發軍事衝突的地區，如南海、台海。以前國防重點在北方及西北大陸，只須發展大陸軍，所花經費不大。現在要邁入海洋，需要大艦隊、航空母艦、遠程作戰飛機，都要花大錢，中共有更長更遠的國防戰略企圖，台灣只是中共大戰略之一環，此與閏書說「中共政權除了選擇攻佔台灣有多種特別價值的戰略目標之外，很難會有其他的選擇。」其間差距頗大，中共國防經費增加如果只為台灣，未免顯得「胃口太小」，眼光短淺，不像是要成為世界第一大國的樣子。

11. 缺乏武力犯台能力的客觀評估

閏書在說明中共犯台能力時，只單方面提出總兵力做比較，這是不夠的，也凸顯出閏書的作者欠缺軍事上的素養，軍事專業知識明顯不足，尤其想在台海地區打一場有第三波水準的戰爭，能夠風光取勝，這一定是一場高度軍事專業的戰爭，所以當我們分析中共武力犯台能力時，必須就軍事專業來觀察，軍事上講「力」，區分三個層次：總戰力、能力、輸力。舉一實例說明之，當一九九一年伊拉克入侵科威特時，美國算是全世界總戰力最強大的國家，但是能力和輸力若是不足或缺乏，就不可能會對伊拉克造成壓力或威脅，更不可能把伊軍逐出科威特。因此，美軍除了有強大的總戰力外，也有驚人的能力和輸力，能在最短期間把戰力投入戰場，以產生決定性之影響力。台海戰爭更是需要強大的三軍輸力，才能左右戰局。所以中共若武力犯台，台灣最在意的不是共軍總兵力有多少？而是輸力有多少？

12. **台灣海峽不是「天塹」而是「障礙」**：

閏書認為不可依賴海峽做天塹，這點吾人可以同意，但不可否認的，台灣海峽是一個「有戰略價值的軍事障礙」，甚麼叫做有戰略價值的軍事障礙？有兩個必要條件，就能成為這種障礙：

㈠有利於防禦，而部隊通過時不能展開。

㈡有相當長度及寬度，並使戰略行動產生幾個方案的軍事障礙，為有戰略價值的軍事障礙。（註釋⑮）

可見台灣海峽合乎這樣的條件，它有利於防衛者，而對攻者不利；並使攻者產生戰力分割，使防衛者形成「局部優勢」，使攻者要付出極大代價，這是台灣防衛有利的「著力點」。閏書作者則推翻了這個有力的「著力點」，直指為「傳統的兩棲作戰理論」，是「過時的教科書作戰原則，豈有不敗之理。」（註釋⑯）其實中共若要打台灣，必然動用「兩棲」或「三棲」作戰，絕不會是「一棲」，而古今一切作戰都離不開「戰爭原則」，這才是重要的。有一點是可以預知肯定的，中共若武力犯台，不論採何種方式？用甚麼戰爭原則？台海這道軍事障礙是一定要考慮的。試想，若無台海，台灣今天還會存在嗎？

13.國軍真的完蛋了嗎？

近年國軍出現一些重大問題，例如機密外洩案、軍購弊案與命案等，使國軍一向端正的形象受到重大打擊。事實上國軍和政府其他單位，以及我們整個社會，都是剛從威權時代走出，才正要脫下頭上那頂用意識型態打造的「金箍扣」。有問題是正常的，因為它正在轉型，正在走向「陽光化」，但閻書作者認為國軍「黑幕重重，上下交相賊」，他說：

> 台灣無形的戰力更是陷入近乎癱瘓狀態，傳統上國軍幹部的基本信念是主義、領袖、國家、責任、榮譽……主義與領袖何在？已成軍中重大疑問……省籍無派系的情結更是一個主導軍中人事不安的因素，因此所有資深與專業軍官，大都感到沒有前途，沒有榮譽的痛苦……一旦面臨真正強力的軍事行動打擊，台灣有可能會出現崩潰性的危機。（註釋⑰）

照這樣說來，國軍真是「黑幕重重」，真的完蛋了嗎？筆者以一位已經離開野戰部隊的現役軍官，一個當了廿七年軍人的老兵，說個客觀的話：閏書的作者根據幾個個案，就對國軍全般否定，對國軍官兵不但不公平，而且打擊士氣。關於五大信念，對主義已經開始「淡出」，希望能走出意識型態的匡匡，國軍目前正開始做這樣的調整，這樣的做法應該深值鼓舞，如何能加以存疑呢？對領袖則已經走出傳統，企圖從憲法上找到定位，以後誰當總統，誰就是領袖，就是效忠的對象。這也是好事，表示國家現代化有了成果，軍隊開始國家化，不再是某些政治人物的資源，可以拿來做為政治鬪爭的工具。孫中山先生所追求的現代國家，以及國家政治發展所追求的目標，不就是這個嗎？由這些地方可以看出閏書作者對政治發展、現代化的某些理論，並不很清楚，所以對「現象」觀察無法做正確判斷，也無能為力解釋現象。

無可否認，目前是國軍轉型的「陣痛期」，省籍的調適、派系的情結、「有人才有事」的人事考量、對主義的淡出、對領袖的定位、職業軍官的任用、士官制度的建立、以及「十年兵力整建」、由攻轉守的防衛作戰等等，都尚在努力中，大家都期望國軍儘早走向現代化，鼓舞他，不要抹黑、打擊他。

14. **T日(Taiwan's Fall Day)不可用「小說虛構」**：

閏書第九章為了模擬中共在T日時，將會採取怎樣的行動、程序、方法，以最小風險拿下台灣，一舉完成武力統一中國的願望。他採用「一種小說虛構情節的模擬推測」，他的經過大致是這樣：

T日時刻：一九九六年總統直選→將領群集北京兵棋推演→江澤民負責攻台計畫→克林頓無心支持台灣→濟南機動空降軍全面動員→統兵百萬渡海峽→T日零時，台灣黨、政、軍癱瘓→T日零時十五分，電視播出介壽館屋頂升起五星旗的畫面→T日次日，海峽兩岸所有傳播媒體同時宣布，中國在T日完成歷史性的統一……。

閏書的描述真是生動，確實是一篇結構嚴謹、想像力豐富的小說，但是聰明的讀者，理性的想一想，台海戰爭真是如此嗎？一切都安排好了，有如在演電影，一幕幕定點定時的出現，這是不可能的，裡面存在太多問題，戰爭有太多不能掌握的變數。最重要的，戰爭如何爆發，要經由政情、敵情之判斷與分析，才能有預測力和解釋力，畢竟閏書是在「寫小說」，不能解釋兩岸政局。

15.**武力犯台的民意基礎迷思(Myth)**：

「民意」一詞是民主國家才有的用語，也只有民主政治上軌道的國家，才有真正的民意。在共產國家（含極權、威權）的民意，通常是主事者運用各種手段刻意製造出來，形成假民意，這並不是真正的民意，所以現在對中共談民意，是無法溝通的，因為彼此對民意的意義認知不同，但是閏書作者似已運用民意概念來大談中國大陸廣大人民的民意動向，認為絕大多數人民都渴望解放台灣，壓倒性支持中共政權武力犯台，「這股民意是中共政權發動T日最大的支持力量」（註釋⑱）。吾人很嚴肅的問，是否會有甚麼可靠或有公信力的機構，做過民意調查，以獲得大陸人民對武力犯台的支持程度。可能沒有，因為閏書並未交待，顯然這是個人主觀的看法，甚至只是對政治上的好惡，一種情緒衝動之下，所形成的偏見。事實上大陸十一億中國人真有這樣的民意嗎？現在探親、觀光、訪問都很方便，有機會可以多加觀察。

一位大陸土生土長的民運領袖就持不同的看法，認為一般大陸同胞並不贊成發動一場對台灣的戰爭（註釋⑲）。如果要談民意，則大陸土生土長的民運領袖所觀察的民意，應比生長在台灣的觀察，要來的比較接近民意，我們應相信比較正確的民意。當然，縱使大陸有民意，未必會對武力犯台的決策過程有影響力，何況中共若要武力犯台，一樣可以動用一切資源，透過政治動員來促成所要之民意。不過，如果反對武力犯台的民意為多數，且強度甚高，則必能影響中共的決策過程，使犯台意圖降低。

16.**大陸內亂也可能造成武力犯台**：

通常國家發生內亂，例如政治分裂或軍事對峙，動亂或政變，掌權者為轉移人民的注意力，或為樹立新目標，常有對外發動侵略的現象，這是政治上的「常識」。但是閏書作者不知為何推翻常識，而認為中共發生內亂可以化解T日危機。他說：

中共政權內部提前發生重大的分裂與動亂，使得中共政權陷入內部自顧不暇的困境之中，因而無法對台灣採取軍事行動。（註釋⑳）

閏書做這種反面判斷,並沒有提出有力的根據來說明,只用秦朝崩潰瓦解,及三國結束與晉朝統一做註解,其實不同的歷史事件是欠缺解釋力的。反之,國家發生內亂,或國內政局不安,為轉移人民注意力而對外發動戰爭,就有許多「前例」可循,如中共參加韓戰、打越戰,阿根廷佔領福克蘭島,都是這種情形。美國國防部的一項預測評估,就持這個看法,認為後鄧小平時代大陸可能發生內亂,進而對南海、台海、越戰等地區用兵(註釋㉑)。一般研究開發中國家政治發展的學者,通常也持這個看法,這是政治發展過程中常有的現象。

17.**化解T日危機不光靠軍事準備**:

閏書提出「T日危機」,也提出化解危機的辦法,那就是加強台灣防衛軍備。他說:

> 台灣人民為了防止T日命運,而做出歷史性的重大抉擇,做出萬全的防衛準備,迫使中共必須考慮執行T日計畫的成本以及風險,因而延後執行的時機。(註釋㉒)

這個辦法看似有用，其實可能產生更大危機。光從武器軍力上著力，除了兩岸造成「信用破產」，兩不信任，距離越來越遠外，也可能形成武力競賽，如果成為這個局面，台灣危機更大，吃虧更多。**加強台灣作戰能力，做萬全之防衛準備，這只是治標辦法。另外有治根辦法，就是加速兩岸政治、經濟、文化、教育及其各方面交流，並從交流中不斷擴大雙方交集，即用「政、經、文、教」交流取代武力交流**，這古今中外消弭戰爭的好辦法，為甚麼兩岸要積極推動高層互訪呢？就是這個道理，當兩岸領導人經常「你來訪問，我去參觀」，許多問題就容易談，「武力交流」必大大減動。

18. **作戰規模與中共現行部隊編裝不合**：

軍隊編裝決定作戰方式，例如有空降部隊才能打空降作戰，有登陸艇才能打登陸戰，而且編裝大小決定作戰規模大小，這是很平常的常識，但是閏書有多處違反這種常識，第九章有一段說：

中共超過千架的戰機飛臨台灣上空，護送中共上萬的空降部隊，在各高爾夫球場跳傘降落，直昇機載運快速反應部隊直接進入各個據點，運輸機則落在台灣

各個機場。（註釋㉓）

這段話出現幾個嚴重違反軍事常識的地方，也與中共現行部隊編裝不合。其一、「超過千架戰機飛臨台灣上空」，按台灣南北距離以四〇〇公里整數計算，平均每四百公尺就要容納一架中共戰機，這還不算台灣空軍升空反擊的飛機，若我方飛機升空，則密度可能降到每三百公尺就一架飛機，聰明的讀者想想，可能嗎？其實台灣上空可容納作戰飛機的最高極限是一百七十架戰機（敵我雙方總架數），高於這個數字就有很大危險，且難以發揮戰力。這一百七十架飛機再扣除我方戰機（該有數十架），則台灣上空在同時間可容納中共戰機最多百架左右，閏書作者說千架以上，無非這是在講故事。

其二、「上萬空降部隊在各個高爾球場跳傘部落」，按中共現行空降部隊編制，第十五空降軍，下轄有四三、四四、四五等三個空降師，總兵力約三萬人，惟空降運輸機約百架，每一梯可空降兵力為二千五百人，必須要連續運送四個梯次才有上萬人的空降兵。問題是我空軍及地面砲火都不採反擊措施嗎？好讓中共飛機在「零故障、零折損」狀況下，運一梯次再一梯次，平安來去，再怎麼說都不可能，也不合理。

其三、「直昇機運載快速反應部隊直接進入各個據點」。按中共直昇機陸軍約三〇〇架，空軍可支援約百架，惟目前各機型受作戰半徑限制，只能提供「岸至岸」作戰，故以對我外島作戰為主，除非編成有直昇機母艦，則直昇機可以用來對台作戰。目前中共僅有一艘直昇機母艦，為商船改裝。由這些問題顯示閏書作者對中共部隊編裝、戰法，大多不知道，只是憑空想像。

19.**閏書有難以自圓其說的矛盾**：

閏書作者提出「一九九五閏八月」說法時，他自說掌握了「台灣、大陸以及國際最新以及更為接近第一手資料。」（註釋㉔）所以全書好像他就是海峽兩岸戰爭指導者的身份，一切人、事、時、地、物及各種戰爭因素都在他安排下，定時定點，並預設結局的出現在觀眾眼前，但是自相矛盾的地方不少。例如第九章說：

鄧總在對張震的渡海攻台作戰指示中，提出基本原則，一是全城為上，全軍為上的作戰目標，因為收復台灣是民族戰爭，總不能造成中國人幾十萬，甚至幾百萬生靈的死亡，因此核子武器與化學武器的大規模攻擊，不會予以考慮。同時保存台灣的一切物質建設，對於統一之後的經濟發展，也有直接的幫助。（註釋㉕）

這裡中共用「全城為上，全軍為上」，是戰爭的最高藝術，兵法上稱「不戰而屈人之兵」，可以不造成一切生靈傷害，文化與物質建設才得以保存。但閏書把作戰時程推到「T日零時」，那時景象是：

台北中央黨部所在地，遭到不明貨櫃車以震撼炸彈以及含有劇毒的神經瓦斯彈射擊，方圓半徑一公里的所有生物全都立刻失去生命活動現象。同時國防部也遭到從附近大樓屋頂的震撼炸彈以及神經瓦斯彈攻擊，同樣是方圓半徑一公里所有的生物全都失去生命現象。（註釋㉖）

部總、張震等人才在強調不傷生靈，結果台北市人口最密集地區，也是國家一切政軍經中心的指揮中樞，所有政府官員都在此辦公，就在數秒鐘內，幾十萬生靈一下子全都死亡，這是多麼可怕的場景，真實戰爭中或許是如此。問題這是由一人所安排舞台，前後却矛盾到無法自圓其說，真是叫人不解。

20. 荒謬的三個T日時點：

閏書最後一再解釋，發生T日的三個時點，及其發生的原因，這三個時間分別是：

㈠一九九五年農曆閏八月，這是中國歷史上神秘的時間感應，國家發生動亂的年代。特別是鄧小平生日在八月二十二日。

㈡一九九六年二月前後，總統直選，必然引爆政治、社會秩序全面失控，是犯台的好時機。

㈢一九九七年七月，中共回收香港前後，全球目光焦點都在香港，中共正好出其不意以武力攻台。（註釋㉗）

閏書認為以一九九六年二月前後，T日發生機率最大，惟閏書提醒大家不要拘泥於最大機率，言之下意三個時點都可能爆發T日災難。關於這三個時點，第一個點根本是無稽之談，無從評論。

第二個點是總統直選前後，可能引爆全面失控，是武力犯台的機會，這是合乎戰爭原則的，通常國家發動戰爭，都是選擇在重要政治、宗教等重要節日慶典之時，但吾人觀察台灣歷來重要選舉，尤其中央民意代表及最近省市長選舉，哪一次不是「全島發燒」，社會及政治秩序却並未全面失控，省市長選舉社會秩序也在掌控之內，三軍部隊則視狀況提昇戰備等級，中共若想打，每次大選都是機會，何必等到總統選舉，若到時政經秩序沒有全面失控到可以發動戰爭的程度，豈不永無犯台機會，所以打不打台灣，是中共意願及台灣是否點燃引爆點的問題，不是選舉（特指總統選舉）的問題。

第三個點是中共回收香港前後，全球焦點在香港。果真如此，近年最吸引全球目光焦點的就是一九九一年的波斯灣戰爭，就全球視野做合理判斷，中國回收香港的震憾性不會高於波斯灣戰爭，那時未開打，時機已經喪失，未來很難再有一個可以吸引全球目光的事件——除非台海戰爭爆發。

再者，中共一直希望能以收回香港後的治理模式，給台灣人民有信心，有朝一日能以相同的和平方法治理台灣。所以，中共收回香港之後，不應發動武力犯台，而是發動另一波的「和平攻勢」。

■結語

本文對閏書提出的二十點批判，只是針對其重要的論述，其他枝節尚多。讀者或許會問，閏書作者所提中共武力犯台的幾個時點都推翻，是不是說中共已不犯台，非也。深入的分析在「決戰閏八月」一書有周全探討，此處先概述數點，為本文結語：

㈠**中共武力犯台時機，並不會鎖定在幾個特定的點**，例如一九九五年閏八月或其他特定時機。**而是「長期性、全程性」隨時發生都有可能**。縱使「江八點」提出，「李六點」也有回應，戰爭的可能性依然在，最近的一次民意調查（聯合報八十四年四月八日晚間），認為中共不可能放棄武力犯台的比率是五成五，除非公開宣言，絕不用武力解決中國統一問題，或簽訂和平協定之類的條約，則爆發戰爭的可能性才會大大減少。但是中共數十年「講話不算數」的疑慮，恐怕是很難從心中除掉。

㈡綜觀閏書，對主客觀環境及時代潮流的觀察深值商榷，他從冷戰時代的觀點看後冷戰時代的問題，用第一或第二波時代的標準，衡量第三波時代問題。把中共第二波時代的部隊看成第三波素質。而對台灣面對中國統一和中共武力犯台的問題，抱持太過悲觀與宿命的看法，簡直是在鼓勵逃難。

㈢閏書欠缺客觀、合理的分析，大都是情緒上說些「應然」觀點，缺乏從客觀角度去分析「實然」問題。尤其系統與邏輯思考極為不足，變項與變項之間找不到因果關係，因而難以提昇可信度。

㈣閏書亦認為共產主義已註定被歷史淘汰，大陸必然經由經濟改革、社會開放，步上政治改革之路，最後結束共產主義時代（註釋㉘）。台灣必須「勝兵先勝，而不求戰」，才能面對強敵，才有機會迎接中國富強統一的新時代之來臨。須知「不敢一戰，終亦不能偷生。」

㈤廣大的大陸同胞對台灣並無敵意，兩岸要消弭這場戰爭，必須在統一問題上有共識。用政治、經濟、社會、文化上的交流，取代武力「交流」，到兩岸全方面發展水準相若，則統一是水到渠成的事。

註釋

① 鄭浪平，〈一九九五年閏八月〉（台北：商周文化出版公司，八十三年八月一日初版），頁卅一及第八章。

② 同①，頁四十。

③ 所謂「第一波時代的戰爭思想」，是指傳統的農業時代，工業革命前的數千年人類歷史都是第一波。這也是由主帥決戰勝負，就決定了戰爭勝負的戰爭思想，所以各級軍事指揮官都必須「武功高強」。工業革命發動「第二波時代的戰爭思想」，其特質是「大」，生產線大、組織大、毀滅性大。一九九一年波斯灣戰爭開啟「第三波時代的戰爭思想」，其特質是科技、資訊、電腦，並以知識為導向，詳見艾文・托佛勒、海蒂・托佛勒（Alvin and Heidi Toffler），〈新戰爭論〉（War and Anti-War），傅凌譯，初版（台北：時報文化出版公司，一九九四年一月十五日），第五章、第六章、第九章。

④〈新戰爭論〉，第九章，所謂「C^4I」是Control控制、Command指揮、Communication通訊、Computer電腦、Intelligence情報。

⑤〈中共奇襲台灣的風險〉，卜大中，中國時報，83年9月2日，第十一版。另見〈新戰爭論〉，頁九七。

⑥同①，頁八五。

⑦同①，頁七三。

⑧周森，〈鄭和航路考〉（台北：中國航海技術研究會，四十八年六月初版），頁五七—六六。

⑨同①，頁一七四。

⑩林正義，〈台灣安全三角習題〉（台北：桂冠圖書出版公司，一九八九年十一月，初版），頁二二六。

⑪奈思比、奧伯汀(John Naisbitt and Patricia Aburdene)，〈二〇〇〇年大趨勢〉(Megatrends 2000)，尹萍譯（台北：天下文化出版公司，一九九三年十二月三十日，第一版），頁一八七—一八九。

⑫同①，頁一二四。

⑬ 同①，頁七二。
⑭ 〈陸軍軍隊指揮—戰略之部〉（出版者、時間不詳）。
⑮ 同①，頁一七五—一七六。
⑯ 同①，頁一九六—一九八。
⑱ 同①，頁一二四。
⑲ 胡平，給我一個支點（台北：聯經出版公司，七十七年十二月初版），頁二九二。
⑳ 同①，頁二七七。
㉑ 中國時報，八十三年十月十八日，第九版。
㉒ 同①，頁二七七。
㉓ 同①，頁二七二。
㉔ 同①，頁三一。
㉕ 同①，頁二二五二。
㉖ 同①，頁二七〇。
㉗ 同①，頁二四一—二四二。

㉘ 同①，頁二八九。

第一篇

中共武力犯台相關因素

第1章

中國人民解放軍犯台危險性之評估

❦ 軍隊是國家為了進攻或防禦而維持的有組織的武裝集團。

——德・恩格斯《軍隊》

❦ 軍隊者，戰爭之具，所用以實行其政略者也，所用以貫徹其國是者也，所用以維持其國之生存者也。

——蔡鍔《軍事計劃》

❦ 戰爭中所產生的一切都是通過軍隊體現出來的。軍隊的建立和維持只是手段，軍隊的使用才是目的。

——德・克勞塞維茨《戰爭論》

❦ 任何戰鬥都是雙方物質力量和精神力量以流血的方式和破壞的方式進行的較量。最後誰在這兩方面剩下的力量最多，誰就是勝利者。

——德・克勞塞維茨《戰爭論》

❦ 重要的不是戰場上的兵力多寡，而是人心的向背。

——美・約翰・柯林斯《大戰略》

第1章 「中國人民解放軍」犯台危險性之評估

中共若武力犯台，實際的執行者是一部目前世界上頗具威力的「戰爭機器」——中國人民解放軍（以下簡稱「解放軍」）。評估解放軍犯台危險性的高低，必須從本質上看它的意識型態、理念現況、昔日曾經實踐其理念的記錄及目前對台海可能之企圖等數方面來觀察，進而針對解放軍的「危險點」加以化解，使解放軍對我方之危險性降到最低。

■解放軍的意識型態

從本質上來探討解放軍的意識型態，是一種近似宗教信仰上的「馬恩列毛主義」。這到底是甚麼？在中共奉為經典的「馬克斯恩格斯選集」第三卷，「政治經濟學」論文中有這樣的一段論述：

暴力的勝利是以武器生產為基礎的，而武器生產又是以整個生產為基礎……沒有甚麼東西比陸軍和海軍更依賴經濟前提……暴力本身的「本原的東西」是甚麼呢?是經濟力量,是占有大工業這一強大的手段。以現代軍艦為基礎的海上政治暴力,表明它自己完全不是直接的,而正是取決於經濟力量。(註釋①)

顯然，共產主義者不論如何使用軍隊，都稱得上是「合法的暴力」，因為軍隊的暴力也是經濟建設的一環，所要考慮的是經濟原因，而不是道德、人權或民心上的問題。自稱是馬克斯主義者的列寧(V.I. Lenin, 1870-1923)更露骨的認為，國家是一種「實行鎮壓的特殊力量」，無產階級專政的本質不僅在暴力，而且主要在於暴力，所謂人民自由，純粹是無稽之談。(註釋②)

共產國家為何總是用軍隊鎮壓人民?原來他們早期的革命家已建立了「理論基礎」。這些東西傳到中國又如何呢?光從文字看可能不很清楚。例如民國三十八年毛澤東與朱德發表「中國人民解放軍布告」曾有約法，保護全體人民生命財產，保護民族工商農牧業，保護一切公私學校、醫院、文化教育機關、體育場所和其他一切公益事業。人民解放軍紀律嚴明，不許妄取民間一針一線。（註釋③）而事實真意又如何呢？毛澤東另有一套理論，他在「革命和反革命的關係」中說：

對待反革命分子的辦法是：殺、關、管、放。殺，大家都知道是什麼一回事。關，就是關起來勞動、改造。管，就是放在社會上由群衆監督改造。放，就是可捉可不捉，一般不捉，或者捉起來以後表現好的，把他放掉。（註釋④）

根據一般學者研究，中共軍隊政治工作的基本任務，就是以馬列主義和毛澤東思想教育部隊，使軍隊成為「馴服工具」，以便任意驅策。此謂之「以黨領軍」，所有部隊成員絕對在黨的領導下，以「馬恩列毛主義」為唯一信仰。這種近似宗教上的意識型態，其實亦就是解放軍的本質，極具暴力性與危險性的思想。共軍不論高級將領或基層官兵，凡有偏離這個思想或行為者，下場可能都很慘。所以從本質上來檢定解放軍，已成為超級「殺手」，完全聽命於「主人」，有形主人是中國共產黨，無形主人是共產主義，主人叫他去取誰的腦袋，便去取誰的腦袋，而且下手乾脆，毫無顧忌。

■當前解放軍堅持的信念

中國大陸從一九七八年開始，借鑑西方現代化的發展道路，開始所謂「四個現代化」建設，即農業、工業、國防、科技的現代化（註釋⑤）。到一九八三年鄧小平提出「中國式社會主義」，加上近年大力推動經濟改革，中共領導階層尤其解放軍的基本理念是否產生「質變」？是大家很關心的問題。其實本質上並無太多改變，僅是策略上調整而已，亦就是「兩手策略」的運用。因為四個現代化之中獨欠缺「政治現代化」（註釋⑥），而所謂「中國式社會主義」，據學者研究，除「多種經濟形式並存，多種分配方式並存，市場調整為輔」外，本質上完全是毛澤東「馬列主義中國化」的再版（註釋⑦）。從中共國家主席江澤民在最近主持「全國機構改革會議」的講話，更能一目了然：

黨的十四大提出的建立社會主義市場經濟體制，是我們黨把馬克斯主義基本原理與中國具體實際相結合的一個創造，是鄧小平同志建設有中國特色社會主義理論的重要組成部分……越是改革開放，發展經濟，越要堅持黨的領導，堅持社會主義的本質，堅持民主集中制。（註釋⑧）

在這樣的大環境下，當前解放軍堅持的理念又是甚麼呢？共軍幹部目前是以一套「毛澤東軍事思想」為其思想和行動的指針，所謂毛澤東軍事思想，就是結合「馬恩列毛主義」的理論，配合叛亂時期的建軍、戰術、戰略經驗總結而成，所以共軍官兵現在堅持的理念，是「全軍上下搞思想」，因為江澤民都說了「越是改革開放，越要堅持社會主義本質」。近年共軍總結「南京路上好八連」新經驗，即堅持不懈進行思想教育，排除各種錯誤思想影響，各級幹部要帶頭完成一切任務（註釋⑨）。由此也可以判斷在現階段，或可以預見的未來，共軍各級幹部在意識型態上仍將遵循毛澤東軍事思想，而且全軍上下搞思想教育，凡有「錯誤思想」者，均將排除、鎮壓。依作者研究所見，解放軍所要進行的思想教育，在改革前和改革後的現況，本質上均未改變。換言之，開放政策推行到目前，對解放軍並未產生「質變」效應，這方面是西方國家和我們加強兩岸交流時，所必須突破之點，也是最困難之點。

■解放軍危險本質展現的經驗觀察

從經驗觀察來看解放軍危險本質的具體展現，不論對內對外可謂案例甚多。對外如韓戰、越戰或台海各戰役，解放軍都表現過慘無人道的暴力本質。而對內最近且最具血腥的，就是一九八九年天安門「六四大屠殺」。

此次「六四民運」導因於一九八九年四月十五日，中共前總書記胡耀邦病逝，北京各大學生藉悼胡批判中共政權，演變成百萬群眾的絕食抗議運動，最後鄧小平從武漢將廿七軍和七十八軍調入北京，集結軍隊約廿五萬人，從六月三日凌晨二時開始到六月四日，用坦克、機槍對天安門廣場學生進行血腥鎮壓，引起全世界共同譴責。對於「天安門事件」，解放軍的態度甚值觀察，鎮壓結束後解放軍發表聲明，稱軍隊是在鎮壓「反革命暴亂」，是一場「偉大勝利、正義行動」。六月九日七大軍區致電中共中央，表示擁護鎮壓反革命的決定；

六月廿八日江澤民發表談話，將此次北京「動亂」定名為「反黨反社會主義動亂」。

從解放軍血腥鎮壓、抗議群眾的事實，加上中共領導階層把學生爭民主自由的運動，定位成「反黨反社會主義動亂」，其實正好展示了解放軍的暴力本質。所謂「人民」解放軍，從來就不屬於人民的，而是屬於共產黨的，凡有危害共產黨政權均加以排除之。美國國會的中共解放軍研究專家崔普利特（William Triplett）他說：

中共解放軍就體制上而言，堪稱是個「最反動」（the most reactionary）的團體，它素來是中國人民的「威脅」……解放軍不但對自己人民是個惡勢力，對其鄰邦也有危險性，對美國遲早已會是個威脅。它是「世界級的壞蛋」，它的危險性，來自本身的「不良性質」。（註釋⑩）

崔氏研究直指解放軍之本質，足以威脅亞洲的安定與世界和平。追溯中共動用解放軍的歷史，前有「文化大革命」，近有「天安門事件」，及歷次對外戰爭，都只是把它的危險本質再展現一次，所留下一次歷史記錄，從未聞國際社會有贊美或認同者，對於解放軍近年不斷擴張軍備，亞太各國早已忐忑不安。根據俄羅斯外交部當代研究所所長巴契諾夫及美國「國防暨裁武研究所」報告，解放軍空軍的成長，已對西伯利亞、俄羅斯等地區構成威脅（註釋⑪）。經由這些專家分析，我們可以預判解放軍危險的本質是隨時會展現爆發的，而這種本質乃來自共產黨及其信仰的的共產主義，與中共素來友好的前美國國務卿季辛吉(Henry A. Kissinger)曾著書表示，**共產黨的理論永遠不會變，目標不會變，只是戰術、策略會變，和平共存就是共產黨的戰術運用，卻無誠意要和平「共存」**。（**註釋⑫**）

■解放軍犯台危險性評估

前面所述是解放軍在本質上所具有的危險性，但是否具有犯台的危險性，危險的程度有多高呢？**評估中共解放軍犯台的危險性，要從歷史記錄、中共領導階層言語意涵及解放軍最近動態等三方面去觀察**。

首先從歷史記錄觀察，民國三十八年政府退守台灣後，中共繼續發動多次戰爭，如三十九年古寧頭大戰，四十四年初攻陷一江山，四十七年夏發動金門砲戰，並在福建前線集結十八萬大軍，準備奪取金馬各島，進而進犯台澎，十月初毛澤東決定暫不拿下金馬，台海危機暫告化解（註釋⑬）。但中共武力犯台企圖始終未放棄，其攻台方案在解放軍中亦都在討論計畫中。最近一次中共中央軍委的會議，第一副主席劉華清就有「我們已經等了四十三年了！」、「要台灣當局無條件同中共談判」、「用軍事手段來決一高下」之類的談論，這些文件亦都傳達到解放軍各團級單位（註釋⑭）。言下之意，解放軍「等不及了」！而江澤民在參加一九九四年亞太經合會（APEC）領袖會議時，與美國總統柯林頓會談也提到，如果台灣當局搞台獨，或外國勢力插手干預，將使台海局勢大亂，中共絕對不會坐視不管（註釋⑮）。以上雖然尚屬「言論」，但隨時可能演變成危險「行為」。何況中共歷次對外戰爭總是先放「風聲」，緊接着軍事行動。

從解放軍最近動態觀察，近半年來有七次軍事大規模演習是在台海周邊地區，分別是八十三年六月中旬濟南軍區所屬部隊，在山東省中部山區舉行陸空夜間協同演習；七月上旬在武漢舉行空降演習；八月上旬瀋陽軍區所屬部隊在遼東半島大規模演習；同月下旬海南島登陸演習；九月南京軍區所屬部隊在東山島附近，實施定名為「東海四號」的三軍聯合登陸演習；十月在舟山群島舉行海空聯合演習；十一月則在台灣海峽西部偏北海域進行更大規模軍事演習。若從單純事件來看，軍事演習本來是各國部隊教育訓練之一環，不足驚怪，但中共最近這七次演習有個特點：「越來越向台灣靠近」，而且目前已引起中華民國政府及國際社會的密切關注，具有犯台危險性是無庸置疑。

「第十屆亞太平洋經濟共同體研討會」在台北召開，中共前駐聯合國大使李鹿野來台與會，接受媒體訪問時，表示共軍演習不是針對台灣，但仍難以消除我方及國際社會的疑慮。（註釋⑯）

■化解中國人民解放軍危險性的方案

依主觀條件去分析，解放軍犯台的危險性的確頗高，但只要不去引爆它、挑釁它，就不會產生傷害行為。就像一顆炸彈，不去引燃信管就不會爆炸傷人。

若輔以強化雙方的溝通、交流，則化解人民解放軍的危險性並非神話，試提方案如後：

一、**加速兩岸「政經文教」交流，消弭武力「交流」**。這兩方面的交流正如天秤起降，一方起另一方必降，一方降另一方必起，若「政經文教」交流中斷，則武力「交流」恐怕就來了。加速政經文教交流之目的，在拉近兩岸距離，同時把自由民主思想引進大陸，使大陸的共產黨信徒們產生思想上的質變，這是兩岸交流的「火車頭」工作，也是達成台海和平目標的基礎。

二、**打開軍事交流之途徑**。這是兩岸交流最難起步的一項，只要兩岸官員及人民能體認其重要就必能邁出第一步。當初東西德和現在南北韓及許多國家，都有此前例可循。兩岸可以從敏感性低的層面開始，如軍事學術、戰史、軍訓可開啟「初級階段」交流；部隊演習互派觀察員、相互知會演習規模及時間地點，可為「中級階段」。依作者觀察，中共人民解放軍和國軍之間已開始有了「誠意的信任感」。八十三年十一月十四日小金門發生火砲誤擊廈門事件，駐守小金門的砲兵指揮官及師長立即反映事件經過，金防部並對外發布負責訊息，陸軍總部於十七日向監察院提出「小金門砲兵誤擊廈門案」調查報告，積極善後，辦理賠償。而解放軍方面確能接受這是「無敵意的誤擊」事件（註釋⑰）。若早個十來年發生類似事件，雙方的對立與衝突將接近一觸即發的情勢，這種多年來雙方點點滴滴建立起來的善意基礎，若加以把握運用應能在近二至三年內，建立「兩軍共同認可的遊戲規則」，這將是全體中國人樂意見到的局面。

■結語

本文先從「馬恩列毛」共產主義分析解放軍本質，再從大陸經改開放政策及歷史記錄，都觀察到解放軍本質未變，只是策略改變，所以犯台的危險性甚高，這是國人所必須深刻瞭解的客觀事實。但解放軍是否犯台？兩軍是否開戰？則有許多「主觀資源」——決定性因素掌握在我們手上。例如「台獨」就是兩軍決戰的「引爆點」，只要不去點燃它，就能降低犯台的危險性。

再者，國軍一向強調「反台獨」，此亦國軍部隊歷年來的基本立場，國防部也經常在強調說明。但中共人民解放軍各級幹部未必深入瞭解國軍目前的政策、立場，所以有必要逐漸盡早打開兩軍「黑盒子」，邁向軍事交流新紀元，建立共同遊戲規則，以確保台海的安全與和平。

註　釋

①中共中央馬恩列斯著作，編譯局編，〈馬克斯恩格斯選集〉，第三卷（上海：人民出版社，一九七二年五月第一版），頁二〇七—二一三。

②王克儉，〈列寧主義析論〉（台北：黎明文化事業公司，七十三年五月），頁三一六—三一八。

③新華書局發行，〈毛澤東選集〉，第四卷（北京：人民出版社，一九六九年五月印），頁一三四六—一三四八。

④同③，第五卷，頁三〇七。

⑤一九七八年十二月二十二日中共「十一屆三中全會」確立現代化政策，同時也是鄧小平時代的開始，對馬克斯主義的反省，推行「農者有其田」的均田原則，都是從一九七八年開始的。（一般稱毛澤東時代是一九四九—一九七六年，稱鄧小平時代是一九七八—一九九四年）。

⑥一九七八年中共提出「四個現代化」後，若干地下人權組織及人權鬥士魏

京生等人，要求「搞四個現代化，必須先實施政治現代化」，但中共至今並未接受。參閱〈中共辭彙〉（臺北：中國出版有限公司，七十五年十一月，一版），頁一一七—一一八。

⑦ 張念鎮，「對中共建設有中國特色的社會主義問題之評估」，〈復興崗論文集〉，第七期（七十四年四月），頁一三七—一三八。

⑧ 江澤民講話全文，參閱〈中國大陸研究〉，三十七卷，第六期（八十三年六月），頁九一—九八。

⑨ 國防部總政戰部印，資訊要報，九十期（八十二年五月十日），頁四〇。

⑩ 中國時報，八十三年十一月五日，十七版。

⑪ 自由時報，八十三年十一月十七日，廿四版。

⑫ Henry A. Kissinger著，胡國材譯，〈核子武器與外交政策〉（臺北：黎明文化公司，七十三年六月），第三章，頁六〇—七七。

⑬ 金門砲戰發動後，毛澤東決定暫不拿下金馬，因為他意識到國際上已有「台灣法律未定論」及美國「兩個中國」構想，把金馬留給台灣可以做雙方的紐帶；同時當時中華民國總統蔣中正似已同意美國要求，即不以武力打回

大陸，反攻大陸是基於民心而非武力。陳毓鈞：「中共若犯台，美國會干預嗎？」，中國時報，八十三年十月十七日，第十一版。

⑭ 同⑨，第八十八期（八十二年三月十日），頁八。

⑮ 中時晚報，八十三年十一月十四日，第三版。

⑯ 中國時報，八十三年十一月二日，十七版。

⑰ 中國時報，八十三年十一月十五日──十九日各版。

第2章

中共戰爭潛力

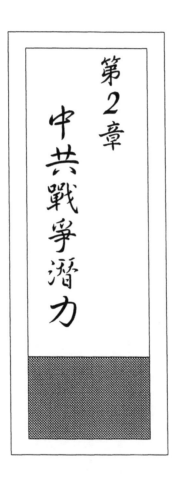

◆ 打垮敵人是戰爭的目標，消滅敵人的軍隊是手段。

——德・克勞塞維茨《戰爭論》

◆ 兵不妄動，師必有名。

——唐・白居易《策林》

◆ 防止戰爭最正確的方法是：無懼於戰爭。

——意・阿里奧斯托《書簡集》

◆ 只知勝利未知敗北者，大禍遲早要臨身。

——日・德川家康《遺訓》

◆ 人類最可怕的疾病就是戰爭。

——俄・阿納尼耶夫《沒有戰爭的年代》

第2章　中共戰爭潛力

戰爭潛力是支持國家發動戰爭，並評估能獲致勝利之依據。探究中共戰爭潛力，可區分為戰略部署、國防預算、動員能力、國防工業等四部分，尤其戰略部署向南移，國防預算不斷增加，不但造成東南亞各國緊張，也成為武力犯台有力的根據。中共戰爭潛力的增強，有多少成份是為了犯台，值得深入研究。

■當前中共戰略部署

中共於取得大陸政權後，在民國四十一年開始進行「國防現代化」建設，但長期以來都以「大陸主義」為主，故戰略部署採守勢，無明顯的對外攻勢部署。直到一九八七年，海軍司令員劉華清升為中央委員會副秘書長時，首度提出突破「地理國境」，擴大「戰略國境」之企圖（註釋①）。並獲鄧小平大力支持，中共戰略部署乃由守轉攻。尤其冷戰結束，蘇聯瓦解，其戰略部署重點開始由「三北」（東北、華北、西北）調整為「四海」（渤海、黃海、東海、南海），這樣的調整就是擴張戰略國境之具體作法。依中共盤算「用戰略國境影響地理國境的範圍，戰略國境決定國家民族的命運，必須涵括大陸棚、公海、兩極和太空的三度空間。」（註釋②）追究**形成「由陸向洋」的戰略部署，有以下幾個原因**：

一、**海洋主義到來**：陸地資源有限逐漸枯竭，海洋將成為未來主戰場；海洋是人類必須開發的第二生存空間，海洋中的生物、礦物、能源及水資源是未來人們的生命線，尤其中國人多需要量特大；國際經濟重心到廿一世紀，將由大西洋東移到太平洋，而亞太地區是太平洋之重心，亦是「大中華經濟圈」最大潛力地區（註釋③）。

二、**領海主權的規復**：如黃海東部與韓國「大陸共架」劃分問題；東海東部與日本「大陸不共架」劃分問題；釣魚台與日本主權爭端問題；巴士海峽與菲律賓經濟海域爭端；南海主權與周邊各國爭端。④

三、**南海是下一世紀中華民族的生存空間依託**：所以向南開發是中國不得不採取的戰略方向，但南海目前有越南、菲律賓、馬來西亞等國佔領了三十五個島礁（註釋⑤）。中共外交部於一九八七年後多次聲明，「保留適當時機收回南沙群島主權」，並在永署礁上建碑，以示主權所有。

四、**預判未來軍事爭端地區**：主要有南海、台海、釣魚台列島可能行使武力。一九八七年中共海軍艦隊在曾母暗沙（北緯六度，沙撈越海面）展開大規模演習，一九八八年在赤瓜礁海域與越南海軍交戰。一九九一年到一九九二年共海軍在釣魚台附近海域對日本船隻威嚇射擊與追蹤，達二十多件以上，同時期也曾對台灣漁船臨檢或開砲達十件以上。而預判未來可能用武地區均在此範圍之內，按中共一九九二年公布的「領海法」，均將這些地區納入版圖，該法第十四條賦予海軍有權追蹤與驅逐入侵海域的外國船隻（註釋⑥）。

配合戰略部署「由北向南」及「擴張國境」之意圖，其「戰略國境」所稱的「近海」即「四海」，有三百萬平方公里海域；並將確保第一島鏈（包括日本、琉球、台灣、菲律賓與汶萊範圍內）之安全；未來並將東京、琉磺島、馬里安納、加羅林及所羅門群島的縱列弧形線納為其「第二島鏈」，列為國力有效控制之內（註釋⑦）。

經以上分析，**中共戰略部署南移並非完全為了「犯台」，但台灣戰略地位是「四海之要衝」，待中共國力強到可將四海納入控制，則可將台灣完全孤立與切斷外援。到時雖不用武力犯台，台灣生存空間更加受限。**

■國防預算

戰略部署形態直接影響國防預算，這是可以一目了然的事。所以近年中共國防預算不斷增加，而江澤民與錢其琛到處保證「中國絕不會對周邊的鄰國構成威脅」，但亞太各國依然浮現「中國威脅論」，因為國防預算與戰略部署如影隨形，難以掩人耳目。

中共的國防預算是全世界最大的「黑盒子」。在法治國家的國防預算有嚴格定義與範圍，通常包含人員維持、武器裝備與業務費用，而由國防部主管部門用於軍事方面者屬之。但在中共完全不同，對外只公布「國防預算」，其他在中央支應尚有武警經費、人民防空費、文教科學衛生費及中央基本建設投資費；在地方支應者有民兵事業費、撫恤救濟及其他等，都未向外公布。

另外中共軍事經費尚分「預算」與「預算外」，預算經費包含人員裝備維持、業務及基本建設等。而預算外是指軍隊從事企業生產、開工廠、飯店等收入，主要用於福利津貼、修建營房、教育訓練及演習。按中共一九九四年國防預算為人民幣五百二十億四千萬元，比去年成長百分之二十（註釋⑧）。但加上軍辦企業更加可觀，解放軍目前已成中國大陸最具實力的經貿財團，經營範圍包括化妝品、珠寶、食品、電器、汽機車、五星飯店、商場，甚至卡拉ＯＫ等服務業。尤其專營軍品外銷的「保利科技公司」及「北方工業公司」，素以外銷核武與飛彈科技聞名於世（註釋⑨）。因此將中共中央、地方、軍辦企業所得用於軍事上的國防預算，總計應在四——五倍於公布之國防預算。

單從中共國防預算增長，其擴張主義甚為明顯。亞洲各國為自身安全，軍備競賽於是開始白熱化，包含日本準備突破憲法以加速建軍，馬來西亞建快速反應部隊，新加坡購買掃雷艇。反觀台灣的國防預算逐年削減，這確實是一個危機。當Ｆ十六戰機、幻象二〇〇〇及法拉葉級巡防艦尚未服役前，是海峽兩岸戰力最懸殊階段，即未來兩年之內。給予解放軍絕佳的機會，可能成為犯台的「引爆點」。

■動員能力

中共所自詡的三大武裝力量是解放軍、武裝警察（地方軍）和民兵。其動員能力又完全建基在「軍區」制度上，目前共軍有一級軍區七個（即七大軍區），省軍區廿九個，另北京衛戍區和天津、上海警備區比照省軍區。軍分區三一一個，縣分區二三〇七個（註釋⑩）。軍區任務，平時為組訓民兵、實施軍訓、警備治安、物力整備及鎮壓反革命；戰時編成「方面軍」，動員人力物力支援軍事作戰。以下分人力和物力動員概述。（見附件一：七大軍區）

一、人力動員：

中共民兵性質不脫離生產的群眾武裝組織，平時除參加生產勞動外，並擔負海防、邊防、空防及要點守衛；戰時配合正規軍作戰。組織上隸屬「人民武裝部」，由各級人民政府及各縣市「黨委」共同領導。一九八四年五月卅一日中共六屆「人大」會議，通過「新兵役法」，實行「民兵與預備役相結合」的兵役制度（註釋⑪）。依正規軍編組原則，計畫在每個軍分區中編一個「預備役師」，判斷約可動員四百餘萬人。目前已完成編組者有預備役師五十七個、預備役團十五個、地空導彈預備役營一個。

所編成之預備役部隊並已納入共軍編制序列，值得注意的是動員地區以「南京軍區」（犯台計畫部隊）為優先，顯示台海是未來可能多事地區，列為動員備戰之重點。當然也合乎其「三北轉四海」的戰略部署，為中共整體國防戰略之一環。（見附件二：民兵動員系統）

二、物力動員：

戰時的物力動員最要者為民用飛機與船舶，尤其一九九一年波斯灣戰後分析時，中共軍委秘書長楊白冰說：「這給我們解決台灣問題提供借鑒，再有錢也沒用，還是軍事實力決定勝負。」（註釋⑫）又見美國動員民航機船之能力驚人，深受刺激，乃積極策劃其民間物力動員。

在民航空運動員方面，主要有中國、北方、東方、西北及西南等各航空公司。重要機型有各型波音機、伊爾十四、MD-11、運七、運五等共約五〇〇架，總載運量約三萬多人。

在民用商船動員方面，以目前一般動員率在百分之八十五時，可以裝運十一個步兵師（含編制內武器裝備），約十六萬人（註釋⑬）。但中共海面船隻動員更大者為各型機動漁船，此為解放軍海上人海戰術之具體展現——萬船齊發戰術。在江蘇、浙江、福建三省平時整備的機漁船約有一萬五千多艘，戰時可動員運載約四十萬人。顯然這部份是專為犯台作戰而準備，因為機漁船只能用來近海作戰，不可能實施遠洋作戰。

■國防工業

中共的國防工業按「解放軍報」的稱謂上，似有兩種。其一為軍工企業，另一為軍隊企業（註釋⑭）。

所謂「軍隊企業」，是指經營權和所有權為軍隊所有，由軍隊投資，統一計畫生產，擔負全軍武器裝備及軍訓器材的修理。故軍隊企業不負責武器生產，而以修理為主，且屬戰略後勤修理為主。其經營範圍包括紡織、印染、服裝、機械、電子、鋼鐵、化工、醫藥和印刷等五十多個行業（註釋⑮）。但這部份並非主要的國防工業。

「軍工企業」為其主要國防工業，是指為完全製造與研發武器裝備的經濟體。目前由「國防科學技術工業委員會」統一指導，及其國務院所轄之機械、核工、航空、航天、電子、武器及造船七個工業部，負責全軍武器裝備的研製實驗。自一九七八年以來，鄧小平提出「軍轉民」方針，國防工業有一明確的政策，即「軍民結合、平戰結合、軍品優先、以民養軍」（註釋⑯）。目前在研究實驗、生產製造、經營銷售等，已建立其一貫體系。

但進一步評估中共國防工業能力，存在許多大問題，如面臨後冷戰時代訂單不足，資金短缺及企業嚴重虧損。尤其在組織上的高度集權，只有上到下的命令，「吃大鍋飯」的心態；加上近年經濟改革正大力推動，市場導向成為對國防工業最大衝擊：

一、強制計畫生產造成軍工企業生存危機：

在中央集權的計畫經濟體制下，不必考慮西方企業管理理念，因而在「軍轉民」過程上並不瞭解市場需求。造成現在生產設備的閒置率大約三分之一到三分之二不等（註釋⑰）。軍工企業已面臨生存危機。

二、設備老化、產品品質低落：

基於「軍品不是商品」的認知，軍品價格始終以成本加百分之五的利潤計算之，勉強生產也是「質與量」均不足，生產越多虧損越多。再者多數軍工企業建於一九六〇年以前，設備僅是鄉鎮企業的水準。

三、軍工人才流失、素質走向惡質化：

要搞經濟開放，市場導向成為必然，金錢利潤便是個人成就指標，軍工企業體質不能轉變，危機不能解除或改善。人才乃流向私營企業，人力素質便無可避免地走向惡質化（註釋⑱）。

因此，國防工業的水準可能是影響中共戰爭潛力的「痛點」，未來是否可能發動一場渡海作戰，或進行一場遠洋作戰，端視其國防工業建設是否具備支持潛力。最近西方專家評估日本與中共海軍戰力，認為日本海軍戰力已是亞洲第一，而中共海軍規模雖大，但「幾乎全部已近乎廢鐵」（註釋⑲）。這個評估未必盡信之，卻也不無道理。即使如此，國人也不可高興過頭，必須更積極以保持「領先」才行。因為我們的對手必定會痛下決心，迎頭趕上，達到想要的水準，以厚植戰爭潛力。按「2000大趨勢」的預測，中國大陸如果沿著資本主義的道路走下去，在二十一世紀的後半期，一定會威脅到日本的經濟領導地位。

依鄧小平的經濟改革計畫，到西元二〇五〇年，大陸會成為一個「中度開發國家」，個人年所得約四千美元（註釋⑳）。可以預見中共的國防工業也將改革有成，但這要好幾十年的努力。甚至五十年以上。

■結語

本文從戰略部署、國防預算、動員能力、國防工業四方面論中共戰爭潛力。從戰略部署看，台灣正處「三北轉四海」的關鍵紐帶，地位敏感。從國防預算看，想成為「霸權國家」的徵候很明顯，而提昇動員力及厚植軍工企業基礎，是達成這樣目標的必要條件。中共整體戰爭潛力依然可以支持發動一場短期的近海作戰。

台灣方面則要積極建立現代化的三軍部隊，爭取局部空優及海優，提昇制空、制海、反封鎖、反登陸之能力；在政治上廣結盟友拓展國際空間，促進大陸社會走向民主化，也是確保安全，消弭戰爭的好辦法。

註釋

① 吳明上，「戰略國境——中共擴張政策之意圖」，國防譯粹，第二十卷，第二期。民國八十二年三月一日，頁三十九——四十四。

② 同①。

③ 劉蜀臺，「對廿一世紀前期中共海軍戰略之研究」，國防雜誌，第八卷，第十一期。民國八十二年五月八日，頁十六——廿七。

④ 同③，頁二十。

⑤ 同③，頁二十。

⑥ 同①，頁四十五。

⑦ 同③，頁廿一——廿七。

⑧ 中國大陸研究，第三十七卷，第五期。民國八十三年五月。頁三——四。

⑧ 中國時報，八十二年四月二十五日，第十一版。

⑩ 共軍七大軍區目前是：附件一（83年國防白皮書）

㈠瀋陽軍區：轄黑龍江、吉林、遼寧三個省軍區。
㈡北京軍區：轄河北、內蒙、山西三個省軍區。
㈢濟南軍區：轄山東、河南二個省軍區。
㈣廣州軍區：轄湖南、湖北、廣東、廣西及海南五個省軍區。
㈤南京軍區：轄江蘇、浙江、安徽、江西、福建五個省軍區。
㈥成都軍區：轄四川、西藏、貴州、雲南四個省軍區。
㈦蘭州軍區：轄陝西、寧夏、甘肅、青海、東疆、北疆、南疆七個省軍區。

⑪王聖聰，「中共民兵與預備役相結合之研究」，國防雜誌，第八卷，第五期（民國八十一年十一月十二日），頁六八——七四。（附件二同本註）

⑫國防部總政治作戰部編，〈波灣戰爭心理戰研究叢書〉之七，民國八十二年四月再版，頁三五六。

⑬中共「師」級部隊有多種，如步兵師、坦克師、砲兵師、機械化步兵師等，編制人數各有不同。其步兵師編制員額為14613人。

⑭丁樹範，「市場化趨勢下的大陸國防工業」，中國大陸研究，第三十七卷，第六期（民國八十三年，六月），頁一一九——一二九。

⑮ 同⑭，頁二二。
⑯ 同⑮。
⑰ 同⑭，頁二四。
⑱ 同⑭。
⑲ 日本海軍有一百六十五艘軍艦，總噸位達卅三萬公噸，但完全是現代化的高科技產品，其戰力已超越中共一大截。中共艦隊總噸數在百萬公噸以上，但「幾乎全部已近乎廢鐵」。文見中國時報，八十三年十月十八日，第十版。
⑳ 奈思比、奥伯汀(John Naisbitt and Patricia Aburdene)，〈2000年大趨勢〉(Megatrends 2000)，尹萍譯，第一版（台北：一九九三年十二月三十日），頁一七九——一八九。

第3章 中共武器研發概況

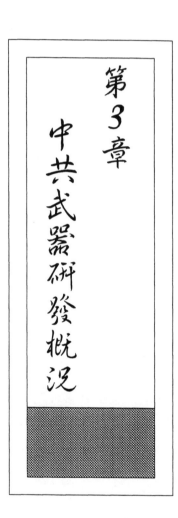

◆一個政府，無論用什麼藉口，而不重視國家軍事的發展，則從後世的眼光中看來，他們絕對要算是民族的罪人。

——瑞士·約米尼《戰爭藝術》

◆國防比起富裕更重要。

——英·史密斯《國富論》

◆養軍千日，用軍一時。

——元·馬致遠《漢宮秋》

◆善用兵者，防亂於未亂，備急於未急。

——宋·許洞《虎鈐經》

◆必須養精蓄銳於無事之時，方能折冲御侮於有事之日。

——《明通鑿》·張鵬語

第3章　中共武器研發概況

中共為擴張其戰略國境，邁向區域霸權國家，目前很明顯在積極加強其部隊機動力及遠程作戰力。置重點於三軍聯合作戰、登陸戰，汰換老舊武器，研發新武器。本文針對共軍目前正進行性能提昇、改良、研究中、外購及計畫內生產之武器裝備論述之，其使用及量產中之部份非本篇之範圍。再者，尖端武器研發一向為各國之國防機密，中共亦然，故各傳播媒體及有關論著在提到中共重要武器性能、數量時，頗有差距。作者經比較歸納，提出較正確之「判斷」，並從陸、海、空、戰略導彈等，四個部份來研究中共武器研發概況。

■陸軍地面部隊主要武器研發概況

中共陸軍地面部隊以「機動、獨立、立體與快速反應」為其發展目標，主要武器研發有新型火砲、第三代坦克、反坦克導彈、防空導彈、M族飛彈及外購武器等。判斷表如附件三和附件六。

火砲研發方面，中共已脫離初期依賴仿製、改裝階段，而邁入自行設計生產階段，已經研發成功的有兩型，其一是「WA021」型155公厘砲，最大射程達三十九公里；另一是新型203公厘砲，最大射程可達五十公里，對火砲的周邊設備亦不遺餘力，最近推出的有QFS野戰砲兵射控系統及704型雷達定位系統（註釋①）。可以預判中共將建立一支現代化砲兵部隊。

第三代「九〇」式主坦克已開始進入量產，提供其坦克師使用，此型坦克特性是「快速長程」，時速六十公里，行程五〇〇公里。外購坦克有向俄羅斯購買的TU-72主戰坦克七十輛。

研發成功正逐漸配發各集團軍使用者，反坦克導彈有「紅箭八」、「紅箭七三」；防空導彈有「紅纓六」、「紅旗六」；短程機動導彈有「M族」系列；直昇機有「直八型」和「直九型」。

陸軍外購武器最可注目的是俄羅斯的S—三〇〇防空飛彈，中共計購八十六套，可裝備四個飛彈營兵力，此型性能極似美國「愛國者」飛彈。尤其近年集團軍已完成快速反應部隊編組，空中機動能力大為提昇，對台灣防衛作戰確實增加了危險程度。但因中共部隊龐大，不太可能在二—三年內全面換裝這些新進武器裝備。因此，我陸軍必須加速目前正在進行的兵力整建、武器裝備汰換、東部兵力部署，全面提昇戰力。

■海軍主要武器裝備研發概況

為配合「戰略國境」、「海洋主義」之目標，在中共軍委副主席劉華清的戰略設計指導下，以「水面艦艇大型化、建立航空母艦、長程運補、近海突襲作戰」為重點。故其武器裝備研發以水面艦艇、氣墊船、航母、潛艦等四部份最受外界「關心」，判斷表如附件四。

一、水面艦艇：

目前進行性能重建者有「旅大級」和「南昌級」驅逐艦，在艦上裝配C—801艦對艦導彈及近迫方陣快砲（註釋③）。正研發中者有「江湖級」、「F22」新型驅逐艦，「DOG II型」飛彈驅逐艦、船塢登陸艦、直昇機母艦，

「AOR型」遠洋補給艦等。並積極改進艦艇周邊設備，加強反潛系統，增強兩棲及海上作戰能力。

二、航母建軍：

中共目前採自製與外購兩個途徑加速其航母建軍，自行研發方面早在一九八五年，自澳洲購入報廢之航母「墨爾本號」，進行拆解研究。一九八七年與日本簽約，引進航母製造技術（註釋④）。中共計畫十年內完成自製，惟就建造航母之先進國家為例，法國建造一艘核子動力航母，不算研發階段，僅由開工到成軍為十五年，而美國則高達五千萬個工時（註釋⑤）。如中共決心自製，在面臨經費、人才、技術三大困難下，預判可能要十五年以上才有成功希望（註釋⑥）。此自製研發是中共的長程計畫，向外採購則是近程作法，只要財力及國際環境許可，應能在西元二〇〇〇年前完成航母建軍。

未來中共若完成航母建軍，對台灣最大影響除政治、心理因素外，在軍事方面就是對台灣實施所謂「顚倒正面」攻擊，從台灣東部地區發動攻擊。再者亦能縮短我台海防衛對中共空中攻擊的反應時間（目前是七——十分鐘），增加我反登陸、反封鎖的困難。台灣在反制航母較有效的方法是先進戰機、潛艦、岸置機動長程制海武器（註釋⑦）。必須在武器研發上優於中共，否則便有危機。

三、氣墊船：

中共為實施近海作戰、島嶼登陸，一九五〇年開始進行氣墊船技術研究，一九六四年由「中國船舶及海洋工程設計研究院」研製，一九八四年成立「中國氣墊船開發公司」積極量產製造（註釋⑧）目前研製中有卅多種型式，其主要者有六型（如附件八），以「七二二」型用於兩棲突擊，「七一九」型用於人員運補，對台灣影響較大。預判未來中共氣墊船將從「量大、速高、航遠」目標發展，支持近海、登陸作戰之需要。

四、潛艦：

中共目前潛艇數目僅次美蘇，居世界第三。各式百餘艘潛艇，區分七個種類：即「W級(Whiskey)O3型」、「R級(Romeo)033型」、「武漢級」、「G級(Golf)」、「明級」、「漢級」與「夏級」（註釋⑨）。但其中只有夏級、明級、漢級三種持續研發生產，餘均停止建造。其研發判斷表如附件四。

明級由R級改進而來，稱「035型」，水下航速十八節，潛深三〇〇公尺，航距七〇〇〇海浬，目前向東歐國家購買周邊設備，企圖提昇性能，預計一九九八年前建造六艘。

漢級是中共自行研發的核能動力潛艇，水下航速二十五節，長一〇〇公尺，艇艏有六個魚雷發射管。漢級曾一度停產，後得西歐國家協助，並在艦上裝C-801反艦飛彈，中共再又列入持續研發項目。

夏級是中共自製核能動力戰略導彈潛艇，艇上主要武器是十二枚CSSN-3巨浪飛彈，外加六個魚雷發射管，是目前持續研發的主要潛艇。因為夏級與漢級是中共潛艦艦隊的主力。外購方面中共與俄羅斯已簽約，購買四艘「基洛」級柴油電力巡航潛艇，一九九五年內全部交貨（註釋⑩）中共潛艇雖多，但大多老舊且性能欠佳。預判中共必大力研發，提昇戰力。

■空軍主要武器裝備研發概況

中共空軍武器研發目前把重點放在「以質取量」，並汰換老舊機種（如殲

五、轟五），加速研發新機種或進行性能提昇，自國外引進空中加油與早期預警系統，購買新戰機等。未來並期望以SU-27及MIG-31為主力機種。使空軍邁向「質優、快速、遠程」之目標，配合未來「海洋主義」與「戰略國境」之需要。其研發與外購較重要有下列各項。（見附件五：空軍武器研發判斷表）

首先是透過性能提昇改良原有戰機，如「J-7」、「J-8」、「強5-FK」都積極進行中，而以J-7成效較佳。一般外界所稱J-7還有幾個稱呼，即F-7戰鬥機、天衛（Airguard）、天霹（Skybolt）等，但我們常叫「殲七」。

J-7目前衍生出殲七甲、殲七乙、殲教七、殲七丙等，現在都分別用來外銷或解放軍自用，尤其殲七丙型專為人民解放軍需要，採用大量鈦合金製造，加裝新型全天候雷達，以渦噴十三型發動機為動力。一九九〇年殲七又研發出殲七E和超級殲七兩型，超級殲七（即一般所稱軍刀二式SabreII）由中國航空技術進出口總公司和美國格魯曼（Grumman）公司、西屋（Westinghouse）公司、奇異（General Electric）公司聯合製產，天安門事件後曾受挫折，但預判未來仍有大量生產之趨勢（註釋⑪）。

其次如強五、轟七、殲十、運八及運十二等各型也都正研製中，都將不斷投入空軍服務。值得注意的是，中共已從俄羅斯方面獲得早期預警系統需求，從以色列方面獲得空中加油設備，這些都加速中共空軍的現代化。

外購（含技術轉移）有SU-27、MIG-31、MIG-29、IL-76運輸機、幻象2000型戰機、逆火式遠程轟炸機等。目前交貨者有蘇愷(SU)二十六架、伊留申(IL)十架、幻象二架，米格(MIG)-31預計二〇〇〇年前在瀋陽飛機製造廠組裝。其餘均尚未交貨，有的僅是達成購買協議，距離正式交機、換裝訓練、建立維修系統、成軍建制還遠（註釋⑫）。

■戰略導彈與核武

共軍的戰略導彈與核武部隊稱之「第二砲兵」，是中央軍委的直屬兵種，總兵力約十萬人，編成六個軍部，其發展目標是「建立一支有限但有效的戰略打擊武力」。目前已部署完成者不計，研發中的有「東風二十五號」長程飛彈；研製成功的有「巨浪二型」潛射飛彈，射程達八〇〇〇公里，可涵蓋美國西部、歐洲等國家（註釋⑬）。而核子試爆則持續進行，預計一九九四年內完成第四

十五次核爆，其第四十一次已於十月七日完成（註釋⑭）。以強化核武威懾與打擊力量。（見附件七：戰略導彈與核武判斷表）

■指管通情與電子戰

電子戰是自火藥以來最重大的軍事技術革命，電子優勢已成為戰場的「制高點」，電磁頻譜已成為陸海空之後的「第四維戰場」，現代軍事指揮系統是由指管通情（指揮、管制、通信和情報）四子系統組成，簡稱「C3I」系統。電子戰就是利用或制壓敵方的C3I，保護己方C3I的作戰方式（註釋⑮）。加以中共在一九九一年波斯灣戰爭中，目睹美軍的C3I簡直是「出神入化、有我無敵」，戰略學家稱為「第三波戰爭的典範」。當前研發重點，陸軍組建「電子干擾部隊」，海軍在戰艦上安裝電子接受機，空軍亦成立電戰專業部隊，並有電戰機十五架。

雖然中共有企圖在台海打一場有水準的「第三波戰爭」，並以美軍的C3I作戰模式為學習對象。但據一般觀察，美軍九八%是高中畢業，准將級將官有八八%有碩士學位，而共軍平均學歷不過小學，且多數農村出身，要發動一場高科技渡海作戰還差得遠（註釋⑯）。

■結語

本文概略探索中共武器研發狀況，可發覺對台灣有立即威脅者有各型飛彈、氣墊船、明級潛艇（全數編在東海艦隊，為負責犯台之艦隊）、蘇愷27（全數編在蕪湖第三殲擊師，為南京軍區之一部負責犯台之部隊）、殲七各型戰機等，未來有威脅者有航母建軍、米格三十一戰機、新型潛艇、逆火式長程轟炸機等。

當然，中共武器研發並非完全拿來對付台灣，但只要雙方敵意未消除，共識未建立，台灣在武器裝備研發上應把握住未來發展方向：

一、打得準，破壞力大，有精確導引系統。

二、打得遠，機動靈活，多功能，有遠程縱深打擊，快速反應，多種殺傷力。

三、戰場生存力高，指揮、控制自動化。

四、全天候作戰、夜戰、抗干擾能力（註釋⑰）。

國防武器裝備要達到這樣水準，要用何種經營方式？觀察一下全世界各國經驗，答案只有一個——「民營化」。目前連中共的武器裝備原本的「國營」也無法存活下去，而必須加速「軍轉民」才能化解「生存危機」，故台灣的武器裝備若能搶在中共之先，加速有制度的完成民營化，對國防安全將大有幫助。

註　釋

①現在研發成功的155公厘砲有兩型，「WA021」型是自走砲，供解放軍自用，另有「GM45」型是牽引砲，外銷第三世界，新型203公厘砲有牽引及自走兩種，性能均較同型美製為佳。鄭繼文，「中共火砲新銳」，全球防衛雜誌，第九十九期（一九九二年，十一月一日），頁九二—一〇四。

②中共購買的TU-72坦克，各家報導數量不一，按「中國大陸研究」，第三十七卷，第五期（民國八十三年五月），頁四，為七十輛。

③中國時報，八十三年六月五日。

④樊有謙，「中共發展航母之戰略涵義及對台海防衛之影響」，國防雜誌，第八卷，第十期（八十二年四月五日），頁三三—四二。

⑤同④。

⑥航母建造的三大困難，除人才、經費外，在技術上最難突破者為高壓鍋爐、核子反應器及彈射器。例如目前全世界只有美國製造彈射器，法國新建造

航母亦使用美國的C-13型蒸汽彈射器，其餘國家都用滑跳甲板，已不合未來航母之用，這亦是中共最大難題。相關資料參閱註④。

⑦同④

⑧陳立文，「氣墊船在後勤上之運用」，國防雜誌，第八卷，第七期（八十二年元月一日），頁七一—八一。

⑨戴崇倫，「中共海軍—潛艇篇」，全球防衛雜誌，第九十三期（一九九二年五月一日），頁二八—三七。

⑩中國時報，八十三年十一月十八日，十七版。

⑪林金山，「成都殲七」，全球防衛雜誌，第九十三期，頁五三—六一。另見第九十五期，頁一一一—一二〇。殲七系列戰機目前都在「成都飛機制造廠」研製，該廠有一批尖端航空專家，如陳應明、韋克敬等，都享譽海內外，更是中共戰機研發最大的本錢。

⑫蘇愷二十七戰機數量各媒體公布不一，研判各跡象顯示以二十六架（內含四架SU27UB雙座戰鬥教練機）較正確；而TU-26逆火式遠程轟炸機，據悉是一九九二年十二月俄羅斯總統訪問北京時，雙方同意在一九九五年前

賣給中共四架。中國大陸研究，第三十七卷，第五期（八十三年五月），頁四。

⑬ 中國時報，八十三年十月十八日，第四版。

⑭ 同⑬。

⑮ 汪士賢，「台灣未來軍事戰略的探索」，中國時報，八十二年七月十七日。

⑯ 卜大中，「中共奇襲台灣的風險」，中國時報，八十三年九月二日，第十一版。

⑰ 同⑮。

第4章 海峽兩岸戰力比較

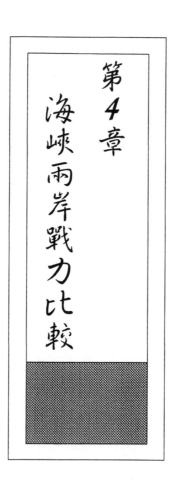

✤用兵之法，無恃其不來，恃吾有以待之；無恃其不攻，恃吾有所不可攻也。

——春秋・孫武《孫子兵法・九變篇》

✤敵我鬥爭，不僅是軍事力量的比賽，而且是政治、經濟、文化全部力量的決鬥。不僅鬥力，更主要的是鬥智。

——劉伯承《劉伯承軍事文選》

✤上兵伐謀，其次伐交，其次伐兵，其下攻城。

——《孫子兵法・謀攻篇》

✤知彼知己，百戰不殆；不知彼而知己，一勝一負；不知彼，不知己，每戰必殆。

——《孫子兵法，謀攻篇》

✤善戰者，見敵之所長，則知其所短；見敵之所不足，則知其所有餘。

——戰國・孫臏《孫臏兵法・奇正》

第4章　海峽兩岸戰力比較

本文所謂「戰力」，意指有形戰力和無形戰力之總合，有形戰力是指現有可用的武器裝備和人力，無形戰力指作戰成員的士氣和意志。因無形戰力平時不易有客觀標準以資比較，故本文以有形戰力為比較標準。並且以現有可用，勿論自行研發或外購，必須已經建立量產系統或建制成軍，才可算是戰力。凡尚未建立量產系統，雖研發有成並不算戰力；或已外購但未建制成軍，亦不算戰力。如中共已買了兩架幻象2000戰機，一架用於分解研究，一架陳列觀模，均非本文比較項目。

再者，本文所論戰力，與近數月以來討論的犯台「能力」亦不同，總戰力雖然「極大」，但若輸送力「極弱」，則不能構成強而成功的犯台「能力」。目前各傳播媒體及國內外若干討論會，並未將此二者明確區分，做有系統的比較。故本文先從總戰力做比較，而犯台「能力」方面另有專章論述之。以下分陸、海、空、戰略導彈、總戰力等各部份比較。

■海峽兩岸陸軍戰力比較

中國大陸現有陸軍兵力為二二〇萬，分別部署七大軍區（附件一）。下轄二十四個集團軍，八十餘步兵師，二十餘坦克師（旅），三十餘砲兵師（旅），三十二個防空旅及其他核生化與勤務支援部隊。台灣陸軍兵力為二十八萬九千餘人，分別部署於外島及五個作戰區，下轄三個軍團，十個步兵師，一個戰車群，六個裝甲旅，二個機械化師，三個動員師，七個預備師，二個空降旅，二個航空大隊，二個飛彈群，及其他核生化與勤務支援部隊。大陸與台灣的陸軍兵力比概約8：1。

武器方面最要者為戰車和火砲，大陸有戰車一萬輛，火砲一萬五千門。台灣有戰車千餘輛，火砲千餘門，兩岸對比為9：1。（參閱附件九）（註釋①）。

■海峽兩岸海軍戰力比較

中共海軍現有兵力約三十五萬人（含海岸防衛部隊、陸戰隊及海航部隊），分設東海、南海與北海等計三個艦隊。以驅逐艦、潛艇、巡防艦、飛機構成海上火力網，其中潛艇約百餘艘，水面各型作戰艦五十餘艘，飛彈快艇百餘艘，兩棲艦艇四十餘艘，各型勤務支援艦約千艘，飛機千餘架（殲六有五〇〇架，餘為各型）。

台灣方面海軍兵力六萬八千餘人（含陸戰隊三萬餘），分別編成二個驅逐艦隊，一個巡防艦隊，二個陸戰師，一個登陸團，及其他潛艇、海航、兩棲、水雷、快艇與岸置飛彈等部隊。潛艇四艘，驅逐艦二十四艘，飛彈快艇五十二艘，護衛艦十艘，海岸巡邏艇七十艘。

大陸與台灣的海軍兵力比5：1。武器比較方面，差距最大的是潛艇與飛機，大陸海軍有各式戰機千餘架，台灣沒有；潛艇戰力比是25：1，而差距最小的是驅逐艦，台灣多三艘。（參閱附件十）（註釋②）。

中共海軍陸戰隊組建速度驚人，據估計人數保守有三萬八千人，多則十萬，至少已編成五個旅和十二個獨立團（註釋③）。配備中共自製「六三式」水陸兩用坦克和新型登陸艦，配合海軍航空兵，以殲六、殲七、強五和轟六等型為主力機種，對台海威脅甚大。

近數月以來，國內外對中共海軍爭論較多的是潛艇數量，從五十艘到一百三十多艘都有，而我八十三年「國防報告書」只提到「百餘艘」，現在把各家研究所得列成「附件十一」的統計表。按本表統計，現在扣除訓練用、除役、不能用者，應在五十到六十艘之間，明級「〇三五型」並每年概約二艘增加中。則大陸潛艇與台灣之比較數，應下降到15：1。明級潛艇是中共較佳的一種，目前全數部署在東海艦隊（負責台海作戰的部隊），從戰略上來看頗具不尋常之意涵。

■海峽兩岸空軍戰力比較

中共空軍兵力三十七萬人，分署四十多個飛行戰鬥師（殲擊師為主），台灣空軍兵力為六萬八千人，下轄有戰鬥機、運兵反潛等聯隊，及十四個防砲營，雙方兵力比較為5∶1。飛機方面，光以戰鬥機比較，中共有四千多架，台灣有四百多架，比數是10∶1。（附件十二）

空軍方面近來最多注目是中共購買二十六架蘇愷戰機，目前仍全數集中在安徽蕪湖空軍基地，但維修系統尚未建立。一九九四年十一月中共與俄羅斯的國防部級會議，同意在一九九五年的「軍事技術合作會議」，討論由俄方派專家協助中共建立維修系統。故可判定SU27戰機在一九九四年內成軍可能性不大，必待未來維修系統建立完整，即可成軍建制。其成軍後（註釋④）對台海威脅很大，我現有戰機不能與其抗衡，須待我空軍二代戰機F-16AB型及幻象2000戰機服役後，才可恢復我空軍原有優勢（註釋⑤）。

中共空軍的傘兵空降戰力最近外界頗多猜測，一九九四年十一月在美國洛杉磯有一場「中共武力犯台能力評估」，學者賴義雄說「中共一次載運傘兵能力還不到一個團」（註釋⑥）。據我國防報告書顯示有軍級空降指揮部，實早已成立有第十五空降軍，下轄空降師有三個（兵力部署、組織如附件二十、廿一），空降總兵力三萬。

■海峽兩岸戰略導彈戰力比較

中共的核武與戰略導彈，由地面戰略導彈、潛射飛彈、太空火箭發展及長程戰機構成完整之戰略網。其兵力約十萬，下轄六個軍級指揮部，十四個發射旅，一個獨立團，地面戰略導彈方面，目前以東風三號（CSS-2）為主力，各型飛彈約百枚。東風二十一號（CSS-5）已進入量產，準備取代東風三號之用。東風系列飛彈性能參閱「附件十三」（註釋⑦）。在太空火箭發展方面，乃以東風系列飛彈為基礎，多年來發展出「長征一」、「長征二」與「長征三號」載具，發射各型衛星，預判目前應有三十六枚衛星在太空中運轉（註釋⑧）。而最近已發展出「長征四號」，是中共太空工業朝向太陽同步軌道(Sun-synchronous orbit, SSO)目標所設計的載具，已將「風雲一型2號」氣象衛星射入軌道，使中共在成為繼美、俄之後，第三個擁有極地軌道氣象衛星的國家（註釋⑨）。假如中共想要發動一場類似美國在波斯灣打的「第三波」戰爭，衛星科技的發展使其愈來愈有條件。蓋有各式性能不同之衛星在太空中，形成最高的「制高點」，可監控地球任一角落之戰場動靜敵情，與地面三軍「C3I」連線，可使己方成為「千里眼、順風耳」，使敵方成為「瞎子、聾子」。

在「M族」飛彈方面，現在定位於「戰役戰術導彈」層次，擔負「方面軍」砲兵機動作戰之遠程打擊火力，未來可能納編為戰略導彈。「M族」飛彈性能諸元判斷表參閱「附件十四」（註釋⑩）。

台灣方面目前政策上不發展核武，太空衛星亦正起步中，對反制共軍使用戰略導彈攻擊，亦有力士、鷹士、天弓及麻雀等飛彈，潛艦、飛彈巡防艦、雄蜂飛彈及S-2T反潛直升機，構成一個完整的台海防衛網。**就單從戰略導彈戰力來比較，不論兵力與火力大陸均居優勢，台灣居劣勢**。

■總戰力比較（結語）

經本文從陸、海、空及戰略導彈四方面，比較海峽兩岸的戰力，就總戰力言，大陸與台灣是7：1，而中共戰機與火砲是台灣的十倍，坦克是台灣的八倍，潛艦是台灣的十五倍，戰略導彈則居絕對優勢（參閱附件十五）。

從有形的武器裝備來看，中共都居優勢。但仍然有許多問題抵消這個優勢，例如共軍的潛艦、戰艦、飛機、坦克等，至少有半數已面臨汰換階段，縱使可用，性能也欠佳，受環境（如天候）影響很大。要發動一場戰爭並不難，但要「打的有水準，贏得漂亮，代價不太高」，則是極大的困難。

再者，本文重點不在無形戰力的分析，但討論總戰力就不能忽略無形戰力。舉凡國家政治制度、戰爭意志、部隊士氣及國民精神都包含在內，而且居於成敗關鍵地位。打開中外戰史觀察每一場戰役的成敗關鍵，常會發現是當時的軍隊士氣與國民精神在主導。以中東的以阿戰爭為例，阿拉伯與以色列在總戰力比數上，人口是四十倍，參戰兵力是二十倍，戰車是五倍，戰機約五倍弱，阿拉伯聯軍在各方面都是「絕對優勢」。然而以色列人今天活的更有尊嚴，因為他的國民心中沒有「失敗、逃亡」的念頭。有人會說還不是美國人在後面撐腰，我們仔細再想，一個人不能自立自強，敢於奮戰，靠別人撐腰也同樣站不起來。這就是「自助天助」的道理。

是故，**今天海峽兩岸在戰力比較上，台灣除加速有形戰力提昇外，也必須凝聚無形戰力，只有無形戰力才是求生存，立於不敗之地的最大戰力。**

註釋

①本表參考下列資料編成：
㈠中華民國八十二—八十三年「國防報告書」，黎明文化事業公司，八十三年三月初版。
㈡中國時報，八十二年七月十七日，「兩岸國防概況」。

②附件十參閱下列資料編成：
㈠同①㈠「國防報告書」。
㈡中國時報八十三年六月五日報導。
㈢全球防衛雜誌，九十三期。

③中國時報，八十三年六月五日。

④中國時報，八十三年九月二十七日。

⑤SU-27速度二·三馬赫，我空軍現有F104G型為二馬赫（兩倍音速），且該戰機在一百公里外就可攻擊我方戰機。但F-16AB型和幻象2000則較優，因

為蘇愷一次只能鎖定一架戰機，發射一枚飛彈，而F-16AB型一次可鎖定十架敵機，攻擊四架；幻象可鎖定八架，攻擊四架，相互比較優劣立現。中國時報，八十三年九月十九日。

⑥ 自由時報，八十三年十一月二十一日，第六版。

⑦ 裘尚明，「對中共地對地導彈飛彈之研究」，陸軍學術月刊，第二十八卷，第三二六期（八十一年十月十六日），頁四十一—四八。

⑧ 中國時報，八十三年十二月四日，第三十一版。據「新華社」報導，中共未來兩年內再發射兩枚通訊衛星，公元二千年前再發射兩枚氣象衛星。

⑨ 同⑧，頁一〇一。

⑩ 同⑦，頁四六。

第5章

中共最近部隊演訓之意涵

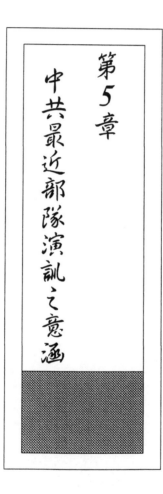

❦我們打仗是一件膽大心細的工作，對於敵情要不斷地偵察、研究和判斷，才能適時定下正確的決心。

——劉伯承《劉伯承軍事文選》

❦情報——對敵人和我們周圍世界的了解——是制訂全部政策的基石。

——美・鮑德溫《明天的戰略》

❦如不摸清敵人的強點和弱點，不避開敵人的強點而利用敵人的弱點，就不能取得勝利。

——俄・什捷緬科《戰爭年代的總參謀部》

❦戰之道，未戰養其財，將戰養其力，既戰養其氣，既勝養其心。

——宋・蘇洵《心術》

❦聰明的人應在和平時期準備戰爭。

——古羅馬・賀拉斯

第5章 中共最近部隊演訓之意涵

近年共軍在台海周邊地區不斷進行軍事演習，造成兩岸政軍情勢緊張。尤其一九九四年下半年的七次重大軍事演習（參閱附件十六），六月中濟南軍區陸空夜間演習，七月上旬武漢空降軍演習，八月的瀋陽軍區及海南島演習，九月東山島三軍聯合登陸演習，十月舟山群島海空聯合演習，十一月台灣西北海域演習。此期間正逢國內政治活動頻繁，如省市長首屆大選，李總統大步開拓國際空間及進入聯合國活動等，共軍的軍事演習卻已快到台灣周圍海域。這七次軍事演習中，以代號「東海四號」演習規模最大，國內外軍事學家、戰略專家多所評估，認為頗具不尋常的政治與軍事意義。

本文概以「東海四號」演習為主，從演習目的、兵力、地區、課目及意義等方面來觀察，進而找出潛藏其中的深層意涵，以窺其軍事演習之真面目。

■演習代號與時間

共軍以「東海」代號的演習，第一次「一號」在民國六十五年，「二號」在六十六年，「三號」無法確認是否舉行。故此次代名「東海四號」距離可以確認的「東海二號」，時間上已長達十七年。中斷十七年後又再度恢復，至少要考慮到政治與軍事上的「需要」，由於需要的強烈，使演習「準備久、時間長、規模大」。此次演習從四月初到九月中旬，分五個階段：先期成立演習指揮部及聯合作戰中心等指揮機構、完成初期兵力部署、分項演練、合成訓練及預演，最後正式演習。

■演習地區

此次演習地區主要在閩南東山島到詔安間海陸空範圍內（參閱附件十七），約在金門西南方六十七浬，次要地區包含第三十一集團軍防區之內的泉州、漳州。從空間選擇上來觀察，有三點必須注意。其一是東山島地形與大小都似金門，海岸地形類似金門料羅及台灣枋寮地區；其二在歷史因素上，四十年前國軍曾在東山島有過突擊登陸，兩軍在此生死決戰；就軍事地略上刻意選在台灣正面地區（以往類似大型演習都避開台灣正面），重點在南（東山島）可對台灣行側翼攻擊，對澎湖行正面攻擊，這樣的思考並非「想像」，而是依據共軍演習作戰構想（附件十七），選擇在東山島演習，可使正式對金門、澎湖與台灣的作戰時，在地形上接近逼真的感覺。這一點對作戰官兵而言是很大的「需要」，近代許多遠程、登陸作戰都要先找一塊相似地區進行預演（註釋①）。

■演習單位與動員戰力

戰力有兵力及火力兩部份，火力指各項武器裝備，此次演習所動員的戰力為歷年來最大。以下區分陸、海、空三部份概述之：

一、陸軍地面部隊：

南京軍區指派駐在福建之第卅一集團軍所屬第九十一師為指揮機構，實兵參演的有步兵第二七一團，及其以下的戰車、砲兵、通信、陸航等部隊。另外據情報徵候顯示，其他配合演習的部隊尚有二十七、三十八、三十九軍及雲貴特種部隊共約四十萬人，針對特種地形演練，並陸續將福建、廣東一帶廢棄機場改建啟用，鷹廈鐵路沿線部署M系列飛彈（註釋②）。

二、海軍部隊：

東海艦隊之一部，計有登陸艇、水陸坦克、驅逐艦、戰車登陸艦、快速砲艇、掃雷艦等各型船艦，約四十多艘。甚值注意的是徵用民間三千頓級貨輪「新華八二」，從事船載火砲實彈射擊，並指派南京砲兵學院人員隨船檢討實驗過程及針對缺失改進（註釋③）。另有電子干擾船一艘，隨伴登陸運輸船團遂行欺敵掩護作戰之任務（註釋④）。這些都是以往演習所沒有，顯然是受到一九九一年波斯灣戰爭中，美軍動員民用商輪及電子戰成效所啟發，企圖從這方面的實驗來提昇戰力。

三、空軍部隊：

動用空軍飛機有米格十七、強五、轟五、偵六、運八等各型機種，據研判有二百餘架（註釋⑤）。關於SU-27是否參演，國內有不同報導，三軍大學空軍學院研判未參加（註釋⑥）。但「中國大陸研究」顯示，演習當天（九月十八日）有四架SU-27型戰機，逕自安徽蕪湖飛往演習目標區一帶上空活動，除展現其耐航力及航電設備外，亦表示飛行員換裝訓練已接近完成階段，將可逐次投入台海作戰任務（註釋⑦）電子戰方面空軍動用「轟電五型」電子干擾機，對目標區進行先期干擾，藉以擾亂地面雷達偵測，減低火砲對飛機之威脅（註釋⑧）空軍參演兵力還有空降第十五軍，七月中旬在武漢地區進行實兵空降演習，蓋空降是登陸作戰的重頭戲，亦是三軍聯合作戰不可或缺。

單從三軍兵力動員程度來研判，三軍大學戰爭學院認為並未達到可以發動攻勢的優勢作為標準，因此並未具備進入「準戰爭狀態」，但就整體而言，已具備「先期」或「先遣」作戰能力（註釋⑨）所謂「發動攻勢的優勢作為標準」，除了兵力以外，就是先進戰機、電子科技裝備，此次演習中SU-27已算參演，電子干擾船（機）也登場了；而所謂**「先期、先遣」作戰，在戰爭過程中僅是「緒戰」性質，可待戰力動員相當程度後，戰機由「緒戰」進入「戰爭狀態」，再進入「決戰狀態」。故就作者觀察分析，「東海四號」已達到「準戰**

爭狀態」。

■演習課目

「東海四號」演習由於參演兵力龐大，加以軍種兵科各有不同，故課目眾多。但最大的共同課目是「三軍聯合登陸作戰」，分項課目如次：（註釋⑩）

㈠水陸坦克旅：夜戰、海上射擊、海上編隊、灘岸作戰及登陸作戰。
㈡空降軍：實兵空降、武裝泅渡及城鎮戰。
㈢電子部隊：電子反制、干擾、偽裝、欺敵。
㈣商輪：人員、火砲裝載，海上射擊。
㈤陸戰隊：武裝泅渡、突擊登陸、障礙破壞及海灘決戰。
㈥陸空協同：火砲射擊、掩護攻擊、支援作戰。
㈦陸航、海航部隊：空中機動、海陸掩護。
㈧特種部隊：山地戰、城鎮戰。
㈨陸海協同：海上裝載、卸載、掩護攻勢、支援作戰。

從分項課目的安排來看，完全以海上作戰為主要內容，顯示共軍企圖提昇三軍合同的海上登陸作戰能力，就在演習時，共軍「總後勤部長」傅全有巡視部隊說：「陸空船艇部隊，要提高海上保障及快速反應能力。」（註釋⑪）可見共軍當前作戰重點不僅是在海上，而且是在東南沿海，深值國人加強警惕。

■演習目的

「東海四號」以台灣為假想敵，以台灣本島及外島相類似地形為其作戰地區，演練三棲進犯及海島攻佔的實證經驗，但其背後尚有若干較實際之目的：

一、加強野戰兵力之三軍聯合作戰能力：

這是近年中共中央軍委對各戰區的要求，因為近十年來共軍演習多侷限在單一軍（兵）種，且層次都不高。加以中共推動「合成作戰」多年成效不佳，自一九九一波斯灣戰後，發覺「三軍聯合作戰」是未來戰爭型態，必須加強提昇，迎頭趕上。

二、因應國防戰略「三北轉四海」的策略：

國防戰略由北向南之後，預判未來可能軍事衝突地區在台海、釣魚台及南海等地區。中央軍委在一九九三年擴大會議中，乃決定調整以東南沿海為戰備重點，東南地區的海上三軍聯合登陸演習遂更加頻繁。

三、藉機測試台灣政、軍、經及社會之反應：

政治上年底有省市長大選，測試我內部政治情勢及選民意向，軍事上觀察國軍反應，及可能的反制演習（如國軍九月的漢光十一號演習）情況；經濟上觀察台灣工商業界及外僑投資可能受影響的程度；社會層面上測試我民心士氣、社會安定及上下團結達到何種程度。綜合而言，測試我整體「國力」能受外力衝擊的程度，以利爾後實戰時兵力動員之參考。

四、對附近國家或潛在假想敵展示精銳戰力：

國家之重大軍事演習，通常也在對可能的國家或地區展示武力，如此次參演部隊的九十一師、東海艦隊的飛彈護航艦、空降軍、電子作戰船（機）及SU－27戰機等，都是當前中共最精銳之戰力，展示之對象除台灣外，日本、美國、越南及附近國家都有可能。

■對台灣另有更深層之意涵

東山島的「東海四號」演習，已可確認是為台灣而來，但是到底最真實、直接的真相如何？即其深層之意涵如何？以下列舉具有代表性學者專家的看法。

認為共軍演習歸演習，用意不在對台灣動武。持這樣觀點的有三位，其一是「美國企業研究所」（AEI）專家林中斌博士，用意在多管齊下，如政治上與台北「修好」（透過焦唐會談等），軍事上加強備戰，迫使台灣讓步（註釋⑫）。其二是美國「國會研究中心」（CRS）中國事務專家沙特(Bob Sutter)，中共沒有「意圖」對台灣動武，因為沒有成功跨海作戰的能力，軍事演習只是對台灣正走向更大的獨立空間與尋求更廣的國際認同時，必須要有的「回應」（註釋⑬）。第三位是美國亞太助卿羅德，他乾脆直接說「中共既無意又無力」以武力犯台（註釋⑭）。美國在台協會的官員進一步分析這些看法，他們經過審慎評估，認為中共之所以無力拿下台灣，乃是對台灣防衛能力有信心

（註釋⑮）。

持不同看法**認為「東海四號」另有深層用意，是對台灣的「嚴重警告」**者有下列四位：

㈠哥倫比亞大學東亞研究所主任黎安友教授。他認為中共一再升高軍事演習，當然意在對台灣發出「威脅」訊息，並非只是威脅一下而已，根據中共過去行為，他們是有「實現」其意圖的「記錄」。再者黎氏亦認為台灣未來發展走向對新疆、西藏，甚至蒙古少數民族都會有影響，為北京所不願見（註釋⑯）。

㈡喬治亞科技學院國際事務教授加維爾(John Garver)。東山島軍事演習主要用意在對「台獨」走向，及「彈性外交」而導至近乎獨立的發展，發出警訊，亦即「如果走過頭，就可能動武」的訊號。怎樣才叫「走過頭」，例如台灣宣佈獨立，或換了國旗、改了國號，則無異是對北京「公然挑釁」（註釋⑰）。

㈢美國國務院官員班立德(Mark Pratt)。東山島演習如此接近金門，乃在提醒台灣「別忘了!中共在那裡!」像磨刀霍霍那般。軍事演習也是北京對台北發出警訊，「解放軍的空降能力、三軍聯合作戰、動員能力」已向前邁一大步（註釋⑱）。言下之意，可以發起一場「有水準」的渡海作戰，以實踐其「意圖」。

㈣我陸委會針對東山島軍事演習，提出看法是「中共已將台灣列為頭號假想敵」。尤其陸委會聯絡處長厲威廉在九月九日的記者會中，表示「頭號假想敵」說法並非臆測，而是依據國際政治學的研究，有其具體訊息（註釋⑲）。

綜合國內外專家意見，勿論正反兩面觀點不同，但有一點無法推翻，即「項莊舞劍」的企圖，前述說中共「無意」的，乃是現在「無力」；因為現在無力，所以目前無意。只要過些時候有力，立即會轉變成有意。

所以**正反兩面學者專家也都不能推翻下面這個假定事項：**

如果台灣宣佈獨立，中共立即發動台海戰爭。

即然不能推翻，只好同意。而能夠推翻假定的，就是假定事項中的兩個「變項」——中共與台灣；就中共而言要明白宣示不用武力解決統一問題，就台灣而言不要台獨製造戰爭，「東海四號」演習對台灣這層意涵，若能被多數國人理解，使主張台獨的人逐次減少，中共不再有「東海演習」，台灣不再有「漢光演習」，這也算是双方「台海演習」之後的收穫。

■共軍在台海其他演訓活動

「假定與實證、理論與實際」必定是有距離的，中共不僅刻意在台海附近不斷實施軍事演習，對台灣附近的軍事情報偵測也是從未間斷，八十二年間中共連續十多次民航機「投奔自由」最明顯不過了，經過十多次「定期班機演習」，台灣的戰機反應速度、反應方式及空防概況全都「公諸於世」。最近一次是一艘中共R級潛艇，潛伏在澎湖南方約十三浬，台南安平港以西約十二浬的深海處，國軍派出機艦封鎖，双方對峙超過四十五個小時，該潛艦才自行向西轉進離去（註釋⑳）。

從軍事上來分析，任何潛艦出海定有完整且經艦隊司令核准的「演習計畫」，在計畫中都詳細規定巡航的時間、地點、航線、目的、任務，及其他有關後勤聯絡等事項。絕不可能官兵閒着沒事，開一艘潛艇到台海峽「旅遊」，所以那艘R級潛艇就是在執行一項演習任務，或是其他演習的一部份。這是基於軍事專業知識的判斷，沒有反應過度與敏感。

■結語

經本文分析，中共近期在台海附近地區的軍事演習，尤以「東海四號」為代表，從演習時間與地區來看，確是刻意安排以金馬台澎為假想對象；從演習目的來看，除了因應國防戰略調整所必須的部隊演訓，及戰力展示外，刻意用來測試台灣在政、軍、經及心理方面可能之反應，也有很明顯企圖。就動員程度來看，作者比照近代戰史，做為發動一場台海有限度戰爭的「序戰」，已夠「水準」了，就演習課目來看，顯示完全以海上作戰內容為主，除了說明中共「海洋主義」的到來，也表示未來東南沿海，尤其台海是可能爆發軍事衝突的地方。

最重要對台灣那份深層的意涵，是警示台灣不要搞台獨運動。對於進入聯合國，與各國發展正式外交關係，算不算「搞獨立」，中共領導階層內部似尚未達成共識。但就台獨問題言，據歷年民意調查及選舉投票觀察，作者理性的判斷，真正主張台獨（指目的、目標、手段都指向台獨）者應僅在百分之十五以內。再者，台獨問題的產生，是中國一百多年不幸歷史所製造出來的，絕非台灣同胞生下來就會搞台獨。因此，兩岸國人要耐心、理性與和平的解決問題。有「訊息」就目前方式海基會、海協會都可傳達，或由媒體「放話」都可以。用「東海四號」的管道來傳達兩岸「訊息」，是最不好、最不智的方法，因為將使兩岸越行越遠。

註釋

①「附件十七」圖參考中國時報八十三年九月十九日，中共「東海四號」三軍聯合作戰演習示意圖，及相關資料畫成。

②「情報徵候來自日本及俄羅斯」，聯合報八十三年九月四日，第一版。

③中國大陸研究，第三十七卷，第十一期（民國八十三年十一月），頁二。

④同③。

⑤中國時報，八十三年九月十日，第四版。

⑥中國時報，八十三年九月十九日。

⑦同③。

⑧同③。

⑨同⑥。

⑩演習課目參看下列資料：

㈠中國大陸研究，三十七卷，十一期，頁二。

㈡中央日報，八十三年九月三日及四日報導。
㈢聯合報，八十三年九月四日，第一版。
㈣中國時報，八十三年九月十日。

⑪同⑩㈡。
⑫同⑥。
⑬中國時報，八十三年十月二十二日，第九版。
⑭中國時報，八十三年九月三十日，第四版。
⑮同⑭。
⑯同⑬。
⑰同⑥。
⑱同⑥。
⑲中國時報，八十三年九月十日，第四版。
⑳發現中共潛艦時間是八十三年五月二十五日上午十一時一分，潛艦離去，我方解除封鎖時間是二十七日上午八時四十五分。双方對峙四十五小時四十四分。中國時報，八十三年六月五日。

第6章

政經因素對武力犯台決策之影響

❦ 用兵之道，在於人和；人和則不勸而自戰矣。

——三國蜀・諸葛亮《心書・人和》

❦ 兵中所以為危險者，外對敵國，內有奸謀不測之變。

——三國魏・曹操《曹操集・手書答朱靈》

❦ 最新式的武器，包括大規模殺傷武器在內，並未減低人民群眾在戰爭中的作用。

——俄・朱可夫《回憶與思考》

❦ 古今名將用兵，莫不以安民愛民為本。

——蔡鍔《〈曾胡治兵語錄〉序及其按語》

❦ 愛民者強，不愛民者弱。

——戰國・荀況《荀子・議兵》

第6章 政經因素對武力犯台決策之影響

政經因素非本書論述之重點，但中共若決心武力犯台，則政經因素無法避免的也是相關重要因素之一。這個命題不管是「政經因素對武力犯台的影響」，或「武力犯台對政經因素的影響」，除了思考程序不同，其實是相通互動的。評估政經因素對中共武力犯台是否具有影響力，應從歷史法則推演、國際與中美關係、兩岸內部政局情勢發展、大陸經濟改革及最近政經情勢觀察等各方面分析，才能評估出可能的影響力。

■大一統歷史法則的迷思

大一統思想主導中國歷史數千年，這幾千年來在廣大的版圖上有過數不清的權力鬥爭，形成無數分分合合，但大體逃不出大一統的架構。這個「框架」

為何有如此大的法力呢？首先看思想的起源，最早在西元前兩千年河南地區的商王朝，就提出中央權力的主張，周朝統治者加以繼承，秦王朝加以貫徹實踐，（註釋①）爾後的兩千年由中國的子民們不斷「返復實證」，大一統已經由「思想」成為「法則」，又因為只是一項法則，所以容許若干「變數」的存在，在「一九九五閏八月」這本書中，把這個「法則」當成了「定律」來運用。他說：

只要中原政權完成統一，而且又沒有外敵的安全威脅牽制，加上分裂政權陷入內部鬥爭與發展瓶頸時，就會出現統一的中國歷史發展定律，這個定律是以中原政權的意向為主導，並不理會分裂政權的意願是否一致。目前中共已經成為世界級的霸權國家，又無假想敵的安全威脅……因此中國統一的歷史定律將難保不會重演。（註釋②）

該書作者錯把「法則」當成「定律」，於是一九九五閏八月就成為由數學公式推演出來的「必然時間」，而戰爭成為兩岸解開這道「數學命題」必然的方式，最後結局是該書作者所稱的「T日」(Taiwan's Fall Day)，為甚麼會有這樣悲觀的宿命論？關鍵就在「法則與定律」，當我們把「一統」觀念看成法則，就會比較樂觀，而且有較大的彈性空間。從近代史及當前兩岸關係，作者要進一步論證大一統的思想現在只是「法則」，而且是彈性與變數都很大的法則，絕不是「定律」。

一、大一統可能出現的彈性及不同形式：

所謂「大一統」是指權力在中央的政府組織，目前兩岸所指「一個中國」政策大體是這種，但還有其他形式，如聯邦、邦聯、一國兩制，甚至中共目前對一國兩制似有新的解釋，據其對台系統的說法，意指統一後兩岸關係是「國中之國」，頗有朝「邦聯制」規劃的意義，(註釋③)而大約在這同時間，第十二屆亞洲研究國際會議九月十日在美國聖約翰大學召開，美國在台協會前任理事主席丁大衛應邀發表論文，申論**兩岸以邦聯(Confederation)方式進行統一，才是解決長久爭端避免戰禍的最妥善辦法**(**註釋④**)。依作者之見也有同感，基本上「邦聯」是國家發展的實驗過程，實驗的好可向聯邦或如大一統這樣方式演進，果如此，則大一統可能的彈性很大，形式也較「多元」。

二、「階段性兩個中國，最終目標一個中國」：

這是參考當年東西德及現在的南北韓，一國之中的兩個政權同時進入聯合國，共同邁向統一目標，台灣在這方面的努力目前仍不被中共接受，但至少中華民國重返聯合國的時機似已日漸成熟，當一九七〇年代時，共產主義的理想色彩在世界上形成一股「流行」，中共進入聯合國為勢不可抵擋的形勢，但九〇年代的共產主義陣營已逐漸敗退，中美洲國家為我國提出入會案，第四十八屆聯大雖未通過，議案能成功的提出，經相當討論，且西方主要工業國家都未表態，顯示重返聯合國確實具備努力的空間，（註釋⑤）中共亦遲早必須接受兩德或南北韓模式，共同追求一個中國的統一目標，果如此，則形式上與大一統必有很大差距。

三、政治現實中的變數：

中國近代史上除三十八年以後，有兩個不同政權外，更早的有「台灣民主國」、「滿洲國」、「蒙古人民共和國」，而北伐以前也是南北兩個政權，雖然各有不同政治背景造成，但說明大一統是有變數的，縱使在可以預見的未來也可能「生變」，新聞局局長胡志強針對中共最近的打壓，斷言指出勢將助長

「台灣獨立」、「一中一台」或「兩個中國」聲勢，甚至台灣民間也盛傳「台獨是中共逼出來的。」（註釋⑥）甚至到我們下一代中國仍未統一，那時候誰知道「中國」在那裡？

國內最近一場學術討論會，主題「中國歷史上的分與合」，經實證研究顯示有大中國意識選民，在一九八九年是百分之八十五，一九九二年下降到百分之五十五點二（註釋⑦）。從整個客觀環境來觀察，大一統的歷史法則不但經常有變，而且是在「退色」之中。

大一統不是定律，而是彈性很大的法則，現在兩岸民間橋樑已經架起，高層接觸可能正在開始（註釋⑧）。未來是談判、溝通、妥協的時代，兩岸政局還有寬度的空間可以發展，「一九九五閏八月」或一九九七年都只是過渡，而不是結束，這是兩岸領導者及同胞所要深確體認的「未來大趨勢」。

■國際及中美關係

中共武力犯台與國際關係（尤其美國）依然十分密切，可以從美國對中國統一問題的政策、大陸與美國、台灣與美國等三個面向來討論。

一、美國對中國統一問題的一貫政策：

四十五年前，正當大陸落入中共手中，美國總統杜魯門就在一九五〇年一月五日，正式宣告放棄台灣與放棄國民政府，其有關台灣部份要點為：

㈠明確承認中國對台灣享有宗主權；
㈡美國對台灣沒有任何佔領的企圖；
㈢美國不在台灣建軍事基地或謀享特權的野心；
㈣美國沒有意願在台灣建立親美獨立政權；
㈤美國不再提供軍援給台灣的國軍部隊；
㈥美國決不捲入中國內戰（註釋⑧）。

若中共武力犯台，美國依據這份宣告應不會用武力加以干預，一九五四年後台海多次危機，在中美尚有邦交與共同防禦條約時，美方均未以武力干預，可以確實證明**美國認可台海戰爭是中國的內戰，依其一貫政策決不捲入**。然而現在進入後冷戰時期，美國面對台海有了新的因素，新的考量，至少有五點：（註釋⑨）

㈠美國和中共已是邦交國。
㈡中共目前是聯合國安理會常任理事國。
㈢美國及其重要盟邦在中國有龐大商業利益。
㈣中共有核武而軍隊正進行現代化改造中。
㈤一九七二年以來美國明確奉行一個中國政策。

近數月以來，國內及美國朝野均相繼評估中共犯台時，國際或美國出兵干預的可能性，一致認為「**奉行一個中國政策，不以武力介入**」，而外交部長錢復先生在立法院答詢則說「美國出兵可能性很小」，最多依「台灣關係法」相關規定，行政部門與國會諮商。依錢復個人評估，美國對兩岸關係有其既定立場，不涉入兩岸爭端，也不會有出兵助戰的可能（註釋⑩）。作者評估，四十多年前與今天，國際環境的變化雖大，但美國不介入台海戰爭，此一政策到目前並未動搖。

美國既不以武力介入台海爭端，那麼美國的「期望」又是如何呢？一九八二年的「八一七公報」明白表示「**以和平方式解決台灣問題**」，這就是美國所期望，美國亞太助理國務卿羅德於今一九九四年九月國會聽證會中，明確的說

「中共如果武力犯台，美國將改變立場」（**註釋⑪**）。

到底是如何呢？好像在猜謎語，其實就是猜謎語，美國前太平洋司令，目前的海軍官校校長拉森將軍名之曰「含糊式嚇阻」（Deterrence by Ambiguity）（註釋⑫）。就是叫大家去猜，問題是美國可以含糊，中共可以含糊，台灣確萬萬不能含糊，國脈民命絕不能建立在「含糊理論」基礎上，而防止戰爭之道，是建立在國防備戰的嚇阻，不是依靠外援或投降認輸。

二、中共對美國關係的努力：

中共自從進入聯合國，同美國及絕大多數國家有正式的外交關係，積極要求各國遵守一個中國政策，其深潛用意塑造「武力犯台是中國內部事情——內戰」，各國及聯合國無權干預，尤其是美國動向，最使中共在乎，北京在今年出版的「人民解放軍能否打贏下一場戰爭」中分析，當武力攻台時，如果美軍參戰，則無勝算（註釋⑬）。是故中共積極拉攏美國，除可降低美國對他爭取區域霸權的戒心，減少對他擴張軍備的疑慮，主要在政治與軍事上孤立台灣，排除武力犯台時一切可能的外在干預。

中共在這方面的努力確實有了成績，最近柯林頓政府已經同意與中共軍事合作，初步協議合作內容有雙方改進敵視與猜疑態度、舉行聯合軍事演習、交換情報，及協助中共軍事工業轉換為民用工業等（註釋⑭）。據美軍太平洋司令馬克表示，這項軍事合作目的在爭取中共支持，以便在亞太地區建立「亞太集體安作體系」（註釋⑮）。屆時若此一架構未將台灣納入，則中共武力犯台更被「合法化」，這是我國國家戰略最大的失敗，國人應儘早有所警惕，領導階層儘早確定戰略目標，全體軍民為爭取一片生存空間，一起團結打拼，化除危機。

三、中美及國際關係的努力：

我國國家戰略目前堅持「先有生存，才有發展」，軍事戰略上堅持「能戰才能和」，這是很重要而正確的方向。故我國近年積極開拓國際外交空間，爭取各國支持，如加入聯合國及亞太經合會的努力，「南向政策」的確立，八十三年五月李總統登輝先生的「跨洲之旅」，會晤二十多國元首，（註釋⑯）推動元首訪美、訪日，參與國際重要活動，打開海峽兩岸高層對話之門，這些努力看似與「台海戰爭是否可能爆發？」無關，甚至「含糊嚇阻」的力量也不具備，但至少確保台灣的生存與發展，而且是防止戰爭的「第一課」。

八十三年十二月四日，美國交通部長斐納(Federico Pena)抵台參加第十八屆中美工商聯合會議，主題為「台灣成為美國在亞太地區營運中心——機會與挑戰」（註釋⑰）。這是中美斷交十五年來，美國首次部長級官員來訪，對我國開拓國際空間是很大的一步，對中共而言，要評估美國是否會干預武力犯台，可能是更加的「含糊」了，**台灣應致力於在兩岸之間獲得共識，共同在國際上保有平等的國際關係，包括共同在聯合國佔有席位，與各國建交，以此為橋樑共同邁向一個中國的目標**。

■兩岸內部政局發展的變數

首先**就台灣內部政局發展而言，最大的變數還是台獨，毋論政治發展如何變遷，總統如何民選，聯合國何時進入，只要台灣不公然宣佈獨立脫離中國，則在現況下應不致給中共武力犯台藉口**。八十三年「台海兩岸關係說明書」明確標示中國統一目標：

中華民國政府堅決主張「一個中國」，反對「兩個中國」與「一中一台」，中華民國政府同時也主張在兩岸分裂分治的歷史和政治現實下，双方應充分體認各自享有統治權，以及在國際間為併存的兩個國際法人之事實，至於其相互間之關係則為一個中國原則下分裂分治之兩區，是屬於「一國內部」或「中國內部」的性質，我們的主張極其務實，這些主張亦與「兩個中國」或「一中一台」的意涵完全不同（註釋⑱）。

可見中華民國政府與人民堅決主張一個中國，反對台灣獨立的立場非常明確，只是在現實環境下追求階段性的「兩個國際法人」，這是「手段」問題，並不違背最終目標的一個中國，故這個政策可以叫做「階段性兩個中國，最終目標的一個中國」，亦正是「德國模式」的參考運用，政府與絕大多數人民既然沒有問題，則最大的問題與危機就來自在野的民進黨，其「台獨黨綱」多年來始終是台灣社會不安與衝突之因子，若因此升高社會衝突與族群對立，將成為中共武力犯台的藉口，惟八十三年十二月七日民進黨中常會決議，召開黨綱、黨章修正會議，並可能針對「台獨黨綱」提出修正（註釋⑲）。果能如此，則是民進黨已體察大多數民意反對台獨的事實，揚棄「浪漫主義」與「分離主義」之作祟，回歸到民主政治、政黨政治的遊戲規則範圍內，大家一起在法律規範下「玩」。共同為國家統一打拼，此為台灣之福，亦為中國之福。

立足台灣，胸懷大陸。整個中國目前有藏獨、疆獨、台獨等各式分離問題存在，若中共對任何一個分離運動鬆手，無異鼓勵其他也跟進，必將陷極整個中國四分五裂，永無休止的內戰。

在大陸方面可能出現的變數應較台灣多，蓋中共政權並未脫離共產主義之本質，「槍桿子出政權的觀點」是必須警惕的，例如「鄧小平的心願或江澤民要立威」，還是有可能走極端，但「新戰爭論」一書的判斷，則較具有實證觀察上的理論基礎，**大陸新起的社會菁英要求政治與經濟上更多自由，當他們不再忍受干預，中國將導致分裂與內戰，**（註釋⑳）**當大陸受到更多的民主理念衝擊，共產制度趨向瓦解而爆發內戰，武力犯台的可能性亦大大提高**，一九九四年十月美國國防部對中國未來七年的一項研究報告，預測中國大陸到二〇〇一年將因共產體制發生崩潰，導致分裂的政治形態，非共產主義的領導人會在人民支持下，進行強烈民族主義的獨裁統治。而愛國主義與大中華主義亦將形成狂熱，主張奪回舊領土，包括對越南用兵以徹底統治南沙群島，對台灣的獨立行動展開武力攻擊，反對香港的完全統治（註釋㉑）。

中共的領導階層已經意識到未來可能的變局，目前已著手制定黨內規章及法則，進行「救亡圖存」計畫，準備為中國共產黨建構一套黨內法律架構，用以管理這個全世界最大的政黨，防止在後鄧時代出現分崩離析局面，鄧小平認為「中國共產黨領導，最大威脅來自黨內。」（註釋㉒）不論大陸或台灣，或全世界任何角落的中國人，戰爭與分裂是大家所不願見到；所希望見到的是大家在和平、理性、尊重之原則下，展現中國人的智慧與耐心，解決國家統一問題。

■經濟因素對武力犯台可能的影響

討論經濟因素是否可能對武力犯台有影響力，是要更明顯看清中共是否肯花這筆大錢打仗，及承受戰爭後的經濟損失，包含外資、台資及本身的經濟改革，大家都知道中共現在正大力建設有社會主義特色的市場經濟，而且對世界經濟體系產生巨大衝擊，依世界銀行估計，目前排名全世界第三大經濟國的中國大陸經濟力，將在西元二〇二〇年前躍居世界首位，而美國及日本分別退居第二、三名，台灣則超前到第十大經濟力，（註釋㉓）按鄧小平的目標，到二〇五〇年可以到達「中度開發國家」，個人年所得到達四千美元，「長期路線已定，中國已不能回頭」（註釋㉔）。雖然經濟改革是中國大陸不能回頭的目標，但如果這個目標能順利逐年完成，對台灣是弊多於利的。一個「經濟大國」會沒有錢打仗嗎？更何況國際統一在中共領導者眼中的重要性，確實高於花一些錢，承受一些外資中斷及經濟改革速度減慢，都是可以忍受的。

就海峽兩岸經貿依賴關係看，學者稱之「非對稱的相互依存」（Asymetrical interdependence），容易產生「脆弱性」及「敏感性」（Vulnerability and Sensibility），所謂脆弱性，就是相互依賴關係被中斷時承受損失的程度；所謂敏感性，就是一國的變化立即帶給他國巨大損失，可見現行兩岸經貿發展是不正常的，中國大陸如果突然中斷對台貿易，可能立即損害到台灣產業發展，且制裁國通常是大國（註釋㉕）。受損吃虧的都是小國。由於這種「不平等」經貿關係，當武力解決統一問題成為無可避免時，則中共在經濟上的損失是可以忽略的，蓋未來中共是「經濟大國」，兩岸經貿居於優勢主導地位，一般人的看法也認為，中共以前打韓戰、越戰都不怕花錢，未來有的是錢更好打仗，在國際上縱使民主國家，到了戰爭不可避免時，找「朋友」分擔也要打仗，美國打波灣戰爭就是這麼打，若中共很在乎經濟改革與外資，一九八九年「六四大屠殺」也就不會發生，故單從經濟因素評估中共武力犯台的影響力，應不可能有決定性的影響，即經濟影響力甚微。

■結語

小結本文在政經各項因素之分析，「大一統歷史法則」因有彈性，目前尚有談判妥協空間，時間上也還未到達必須「急統」的時刻。國際關係方面，中共很在乎美國的干預；兩岸內部政局發展方面，民主理念對中共產生的衝擊很大，而台灣若宣佈獨立，則一切政經因素將被「排除」而悍然武力犯台。

台灣想要在政經這方面提高對中共的影響力，從而降低武力犯台的可能性，要把「大一統」的彈性拉大，時間拉長；積極拓展美國與國際關係，使中共在考慮用武的時候顧慮更多，台灣在產業方面加速升級，使兩岸經貿關係成為對稱性的依賴，即互助式的平衡關係。這些都能使台灣受到武力攻擊的可能性大大降低。

註釋

①費正清，J.K. Fairbank R. Macfarquhar主編，〈劍橋中華人民共和國史〉1949—1965（上海：人民出版社，一九九二年五月四刷），第一章。

②鄭浪平，〈一九九五閏八月〉（臺北：商周文化事業有限公司，八十三年八月一日）初版，頁七三。

③聯合報，八十三年九月十四日，第四版。

④中國時報，八十三年九月十日，第二版。

⑤趙建民，「中共對我國重返聯合國之態度與對策」，問題與研究月刊，第三十三卷，第一期（八十三年一月十日），頁十二—二一。

⑥中國時報，八十三年九月十八日，第四版。

⑦聯合報，八十三年七月十六日，第六版。

⑧〈透視台海戰史〉（台北：群倫出版社，七十四年七月二十五日）初版，頁七一。

⑨ 陳毓鈞，「中共若犯台美國會干預嗎?」中國時報，八十三年十月十七日，十一版。
⑩ 中國時報，八十三年十一月八日，第四版。
⑪ 中國晚報，八十三年十月二十九日。
⑫ 林中斌，「台海風雲與台灣生機」，中國時報，八十三年十月二十日，十一版。
⑬ 李啟明，「中共尋求美國『軍事合作』的戰略企圖」，國魂，五八八期（八十三年十一月一日），頁六六—六八。
⑭ 同⑬。
⑮ 同⑬。
⑯ 李總統跨洲之旅，會晤各國元首，如美國副總統高爾、南非總統曼德拉、尼加拉瓜總統查莫洛夫人等，二十多國元首，中央日報，八十三年五月十六日，第二版。
⑰ 中國時報，八十三年十二月五日，第一版。
⑱ 「台海兩岸關係說明書」，中央日報，八十三年七月六日。

⑲ 中國時報，八十三年十二月八日，第二版。

⑳ Alvin and Heidi Toffler著，傅凌譯，〈新戰爭論〉（台北：時報文化出版公司，一九九四年一月十五日，初版一刷），第九章。

㉑ 中國時報，八十三年十月十八日，第九版。

㉒ 中國時報，八十三年十二月九日，第九版。

㉓ 中國時報，八十三年十二月五日。

㉔ John Naisbitt、Patricia Aburdene著，尹萍譯，〈二〇〇〇大趨勢〉（台北：天下文化出版公司，一九九三年十二月三十日，一版），頁一八七—一八九。

㉕ 江炳倫編著，〈挑戰與回應〉（台北：五南出版社，八十二年五月，初版），頁二八〇。

第二篇

中共武力犯台的行動實踐判斷

第7章

中共武力犯台時機的選擇

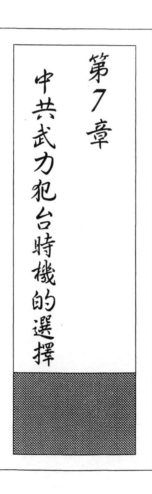

昔之善戰者，先為不可勝，以待敵之可勝；不可勝在己，可勝在敵。

——春秋．孫武《孫子兵法．形篇》

在戰爭中只有一個有利時機，能抓住此時機，就是天才。

——法．拿破崙《拿破崙兵法語錄》

必勝之術，合變之形，在於機也；非智者孰能見機而作乎！

——三國蜀．諸葛亮《心書．應機》

錯過機會，就會吃敗仗。

——俄．什捷緬科《戰爭年代的總參謀部》

兩敵相持，所貴者機會，此勝負存亡之分也。

——宋．汪藻《論淮南屯田》

用兵之道，取勝在於得勢，成功在乎投機。

——元．脫脫《宋史》

第7章　中共武力犯台時機的選擇

中共何時或何種狀態之下可能犯台，也就是要選擇何種時機發動這場台海戰役，才能在各種複雜的內外環境中，把握住所有變數而得到「全贏」，其實這是一個「常態觀點」的賭局，任何人賭博都希望由他自己「獨贏」。只是現在海峽兩岸是一場「政治大賭局」，中共是「超級大莊家」，台灣是「大賭客」，雙方都在對各種時機進行篩選，賭客一不小心可能被莊家「吃掉」，當然莊家也可能在賭的過程中「倒店」。所以這場賭局有很高的「政治藝術」性，最好的結局是雙方都「全贏」，皆大歡喜，兩岸人民是最大贏家。

■武力犯台時機例舉

依據中共發佈，外交人員說詞及我方判斷，中共武力犯台在政治與軍事兩個層面內，其以武力為手段進犯台灣或各離島，時機例舉如下：

一、台灣宣佈獨立。
二、台灣內部發生大規模動亂。
三、國軍相對戰力明顯趨弱。
四、我方長期拒絕談判統一問題。
五、我方發展核武（註釋①）。
六、國際情勢有利於中共。
七、中共和美國合作關係密切。
八、中共其他邊界、領土問題都已解決完畢。
九、中共完成作戰準備。
十、外國勢力干預台灣問題（註釋②）。
十一、台獨勢力高漲。
十二、加入聯合國及國際組織行動有成。
十三、台灣進行總統民選（註釋③）。
十四、中共體制發生分裂或內部動亂（註釋④）。

十五、天氣能配合登陸作戰之實施。

所例舉時機十五項中，通常各個時機不會單獨發生，而是主要與次要若干項之配合成熟，才有可能正式採取武力行動。例如第九項「完成作戰準備」及第十五項「天氣」，與其他各項的配合度都很高。

■各項犯台時機例舉之危險性分析

各項例舉雖然都是一種假定性的「可能時機」，但危險性不同，以下區分「可能性甚低」、「必須審慎應對」、「潛在危機很大」及「有立即危險」等四個不同危險程度，逐項進行分析。

一、「可能性甚低」項目：

列入「可能性甚低」的有二：第五項「我發展核武」、第八項「中共其他邊界問題都已解決」。核武方面，我方政策一向不發展核武，故由此一因素導致犯台應可排除，要考慮的是中共對我用核武的機率多少？從國際環境及兩岸關係觀察，中共沒有對我用核武的理由；從經濟上來看，用核武導致台灣一切資源化為烏有，中共不但無所得，而且可能損失更大。

第八項的邊界、領土問題，目前尚有中俄、中印、中越、中韓、中日及南海問題尚未解決，而內蒙、新疆、西藏及香港也都與領土有關，大多是「數百年老案」，要全部解決很難，故可以預判未來數十年內，因這兩個時機出現導致武力犯台，其「可能性甚低」。

二、「必須審慎應對」項目：

列入「必須審慎應對」有四：第二項「台灣內部發生大動亂」，第六項「國際情勢有利於中共」，第七項「中共和美國合作關係密切」，第十項「外國勢力干預台灣問題」。

台灣從八十三年十二月省市長選舉後，民主政治已向前邁出一大步，未來解決重大問題可透過民主政治常規，在共同「遊戲規則」內，雖各黨派「不滿意但可接受」，至少比「打破頭」要好；而國家邁向現代化之後，軍隊國家化已可預見，故台灣內部發生大動亂的可能性其實「甚低」，但因民進黨「台獨黨綱」的存在，為社會不安的最大變數，故未來台灣處理各黨派族群問題，「必須審慎應對」，才不致於造成社會動亂。

國際情勢方面，不論在聯合國或其他國際關係，中共掌控絕對優勢的資源。此處的「有利於中共」，是指武力犯台前中共能取得各大國的支持、諒解、不干預，或事後不對中共採取任何形式制裁，不管那一種都對中共有利。但隨着國際環境走向後冷戰時代，共產主義式微，加以台灣政經實力增強，國際環境漸趨於對台灣有利。台灣必須在打開國際空間的同時，避免給中共有「搞獨立」的印象，透過談判、溝通、妥協的管道，使海峽兩岸在國際關係上成為「雙贏」，故「須審慎應對」。

在中共與美國合作關係上，關鍵在現行二者的軍事合作架構下，當中共武力犯台時美國的介入程度。按中共目前評估，武力犯台時，如果美軍參戰，則無勝算（註釋⑤）。美國對台海可能的戰略，只是一種「含糊式嚇阻」，二者雖有正式邦交，但建國理念差距太大，兩國自一九七八年建交以來始終還是「潛在敵人」，不會是「死黨」。台灣在中美關係上雖有提升，仍須「審慎應對」，才能化「戰機」為「轉機」。

在外國勢力是否干預台灣問題方面，這其實是中美及國際關係之一環，例如與中共建交的美法等國賣戰機給台灣，派部長級官員來訪，兩岸政經官員在第三國會晤，這些對台灣問題而言，早已是「未干先涉」的存在，也似乎是在兩岸「容忍」限度之內。尤其美國從以往「不做調人」，以後轉變成「做為調人」，積極調解兩岸關係的可能性已經昇高（註釋⑥）。這是否叫「干預」？若有共識就叫「不干預」，無共識才叫「干預」，兩岸關係就是這麼微妙，所以要「審慎應對」。

三、「潛在危機很大」項目：

列入「潛在危機很大」有五：第三項「國軍相對戰力趨弱」，第四項「我方長期拒絕統一談判」，第十二項「加入聯合國及其他國際組織有成」，第十三項「總統民選」及第九項「中共完成作戰準備」。

在相對戰力方面，未來兩年因國軍重要武器換裝尚未完成，如「F-16」戰機、幻象二〇〇〇戰機及拉法葉級巡防艦等，未全部正式服役前，民國八十四、八十五這兩年是海峽兩岸戰力相差最懸殊的階段（註釋⑦）。近半年來共軍在台海附近演習頻繁，與我相對戰力應有直接關係，所以近兩年「潛在危機很大」。

台灣目前正在進行的拓展國際外交空間，準備總統民選，在中共的認知上可能是有「趨向台獨」意涵。根據「美國戰爭學院」高德溫(Paul Godwin)教授及「國際戰略研究所」卡德威(John Caldwell)，兩位在年度「中共解放軍」研究論文中，分析中共動武可能因素就包含台灣加入聯合國及國際組織，及兩年內的總統選舉（註釋⑧）。這兩件大事在台灣已經是勢在必行，如何讓大陸覺得我們不是在搞台獨，就要靠溝通的耐性與智慧了。如果「潛在危機有明顯昇高」，則「急事宜緩」，「吃快打破碗」是有道理的。

評估第四項「我方是否長期拒絕統一談判」？其實有很大空間，現在兩岸許多「政經文教農漁」問題都是透過海基、兩協兩會在談判中。台灣目前不會拒絕談判，而且在主動尋求談判之路。但在八十三年十二月省市長大選後，明顯看出政治勢力分佈狀況，急統和急獨的政治標籤都沒有市場需求，主張兩岸維持現狀較有普遍共識。由於兩岸對統一的認知差距太大，可預見的未來三至五年內統一是不可能的，事情還有的「拖」，只是拖的過程中要避免「潛在危機升高」。

第九項「中共是否完成作戰準備」，這也是一個程度問題。有些西方學者認為現在中共無力犯台，就是作戰準備未完成（註釋⑨）。但是，何謂「完成」？等十五年後航母建軍才算完成嗎？從中共「革命觀點」來看，「四兩可以撥千斤」，西方學者看來是不科學也不可行的，但東方觀點既可以又可行。根據「美國之音」最近舉行「中共武力犯台」討論會，曾任中共官員的學者林長盛先生報告，**武力攻台的方案在五十年代就有準備了（註釋⑩）。尤其近五年來中共國防預算每年以百分之十一到二十的增加幅度，我們有理由相信中共已完成「相當程度」的作戰準備，其「潛在危機很大」**。

四、「有立即危險」項目：

列入「有立即危險」項目有三，第一項「台灣宣佈獨立」，第十一項「台獨勢力高漲正邁向獨立目標」，第十四項「中共體制發生分裂動亂」。

先講中共體制問題，按美國國防部的研究報告提出，**中國大陸將在鄧小平死後因政權繼承問題，導致體制上的分裂，並因而對鄰近國家與地區用兵（註釋⑪）**。中共自己也有這個警覺，乃有所謂「救亡圖存計畫」，企圖透過黨的控制與管理，避免後鄧時期出現黨的分裂而造成國家動亂（註釋⑫）。不管這個情況是否出現？台灣都要有準備，**國家內亂時對外用兵古今以來是常事。而台灣是這個情況發生時，第一個可能遭受攻擊的對象**。儘管中共國家主席江澤民宣稱，中共目前已完成第三代領導交接，可以確保中國長治久安，但無可否認大陸有大動亂時，台灣就有「立即危險」的可能性。

第十一項所指台獨勢力高漲,正邁向獨立目標。這是當台灣的台獨勢力（如民進黨）已取得執政機會，已變更國旗國號、用「台灣××國」之名打開國際空間有成，或台獨公投，即將由人民投票通過，或由中央民意機關表決通過。若有這些情況發生，其危險性即等同「宣佈台灣獨立」，有明顯而「立即的危險」。

本文所述十四項時機，雖都是對未來情況的「假定命題」，但我們都能經合理分析及客觀事實的觀察，預判每一變項的危險程度，因為這是社會科學領域內，可「觀察實證」的經驗科學。即作者的前後論述分析，都合乎經驗科學的兩大標準：經驗意涵與系統意涵。有些台獨人士說台灣獨立後，中共不可能來「侵略」我們，顯然這是一隻台灣「後現代主義中的大鴕鳥」。

前述一到十四項的時機，都滲雜了人的因素，在不同時空環境下可能有不同變化。但第十五項則完全是自然因素，成為一種單純四季循環的「天氣時機」，不管其他戰機有多好，若「天氣時機」不配合，則戰爭亦不能即時發動，在一九九一年波斯灣戰爭時，因每年三月是沙漠風暴季節，伊拉克想把戰事拖到沙暴季節，使沙暴對聯軍精密武器造成傷害，方便伊拉克部隊對聯軍展開近距離攻擊。同樣考量天氣因素，美軍却於二月二十四日晚上發動地面攻勢，企圖在沙暴季節來臨前結束戰局。

近代的越海登陸作戰如諾曼第登陸，天氣因素決定了戰爭發動的時間，尤其台海屬海島型氣候，受洋流影響甚鉅，中共若武力犯台，對天氣時機就必須精確掌握，配合其他政治時機才有可能發動戰事。台海地區每年十月到翌年三月是東北季風季節，海上強風常達十級以上，平均風浪高達五呎；四到六月海上風浪漸趨平靜，船隻往來方便；七到十月是颱風季節，須掌握海上氣象情報，避開颱風時間才能進行海上活動。故中共如欲發動台海戰爭，以四到六月最有利，七到十月次之。但若登陸作戰計畫與準備都在事前已全部完成，只須精確掌握海上天氣有三天可用，登陸部隊就能完成輸送登陸，並建立強固的灘頭陣地，再配合海空攻擊進行地面決戰。故天氣因素在本文不列入危險程度評估，而列為「配合度最高」項目，不論政治時機如何，都要配合天氣時機。

前述所列十四項導致中共可能犯台的政治時機，並不表示沒有「其他」項目。除十四項之外，例如國人喪失抗敵意志，上下沉迷舞榭歌臺，醉倒在「台灣錢淹脚目」的富裕假像中，這時候軍隊不能打仗，後備軍人動員不起來，這難道不是中共武力統一中國的大好時機嗎？

■結語

本文研究中共武力犯台時機之選擇，以台獨最有可能引爆這個時機。換一個角度看，不談中共只講台灣二千多萬人之中，也是以台獨最有可能引發島內衝突或動亂。到底是甚麼道理使台獨有這麼高的危險性，從政治發展的理論中不難找到答案。學者研究發展中國家民主轉型之模式（如附件十八），民主化速度與政權領袖民主化共識的關係不同，可以產生四種結果。首先是有共識漸近的民主（表中Ⅰ）；其次是漸近而沒有共識的拖延式鬥爭（表中Ⅱ），如戒嚴時期的國民黨與民進黨；第三是快速而有共識的「交易性過渡」，如解嚴後的國民黨與民進黨；最後是快速而沒有共識的「破裂過渡」（表中Ⅳ），即台灣宣佈獨立時，兩岸的溝通方式就轉變成「革命、政變、崩潰」模式——戰爭

（註釋⑬）。

海峽兩岸經歷四十五年的接觸（包含政治、經濟、文化、教育與戰爭等各式接觸），雙方都在找尋一個時機，中共在找尋武力統一中國的時機，台灣在追求和平統一中國時機。中國人近百年來的戰爭已經被「打怕了」，由於戰爭帶來的分裂、貧窮，使中國人在世界上活的沒有尊嚴，兩岸中國人應能深刻體會。四十五年的接觸經驗也證明戰爭不能解決問題，只會破壞好「時機」；故中共解決任何地區的分離問題，實應放棄武力統一之時機，而尋求和平統一的時機。

註釋

①〈八十三年國防報告書〉，台北，黎明文化事業公司，八十三年三月初版，頁六二。

②蕭一俊，「中共武力犯台之研究」，國防雜誌，第八卷，第三期（八十一年九月三日），頁三六。

③中國時報，八十三年十一月十三日，第十八版。

④中國時報，八十三年十月十八日，第九版。

⑤李啟明，「中共尋求美國軍事合作的戰略企圖」，國魂，第五八八期（八十三年十一月一日），頁六十六—六十八。

⑥李達，〈美台關係與中國統一〉台北：風雲論壇出版社，七十八年十一月初版，頁七八。

⑦中國時報，八十三年三月十六日，第四版。

⑧中國時報，八十三年十一月十三日，第十八版。

⑨ 認為中共現在無力犯台的西方學者，如美國戰略暨國際關係研究中心（CSIS）專家肯班、美國亞太助理國務卿羅德等人，見自由時報，八十三年十一月二十三日，第一版；中時晚報，八十三年十月二十九日。

⑩ 中國時報，八十三年十一月二日，第十七版。

⑪ 中國時報，八十三年十月十八日，第九版。

⑫ 中國時報，八十三年十二月九日，第九版。

⑬ 彭堅汶，「開創前瞻，順應潮流」，國魂，五八八期（八十三年十一月一日），頁七九—八〇。

第8章

中共武力犯台能力之評估

❦ 用兵之道，示之以柔，而迎之以剛；示之以弱，而乘之以強；為之以歙，而應之以張；將欲西，而示之以東。

——漢・劉安《淮南子・兵略訓》

❦ 兵者，詭道也。故能而示之不能，用而示之不用，近而示之遠，遠而示之近。

——《孫子兵法・計篇》

❦ 凡戰者，以正合，以奇勝。故善出奇者，無窮如天地，不竭如山河。

——春秋・孫武《孫子兵法・勢篇》

❦ 善用兵者，必先修諸己而後求諸人，先為不可勝而後求勝。

——漢・劉安《淮南子・兵略訓》

❦ 善戰者，立於不敗之地，而不失敵之敗也。

——春秋・孫武《孫子兵法・形篇》

第8章　中共武力犯台能力之評估

當我們瞭解共軍的危險性、總戰力及可能來犯時機後，接下去要弄清楚中共是否具備來犯能力。此處所謂「能力」，是指中共總戰力扣除用於其他方面外，所能用於台海作戰的戰力。故本文的「能力」有當面可用兵力、其他支援部隊及輸力三者，而中外學者對「能力」的標準及意涵，有不同觀點造成完全兩極看法。有的說無力犯台，有的說已備犯台能力，其實從「新戰爭論」的觀點，兩種看法相通，只是立論的位階不同。

■當面共軍可用於犯台兵力

大家都知道中共現有七大軍區，三百萬大軍（附件一），分別用於防俄、防越、印，**用於台海作戰之兵力概約總兵力的十分之一（註釋①）**。

一、地面陸軍部隊：

目前北部瀋陽、北京及蘭州三個軍區用於防俄，西南有廣州及成都兩軍區防越、印，中部的濟南軍區為戰略預備隊，餘南京軍區為計畫犯台之部隊。

南京軍區轄三個集團軍，兵力有三十二萬人，編配部隊主要有步兵師十一個、守備師十六個、坦克師二個、砲兵師一個、防空旅四個及其他勤務支援部隊。

二、海軍：

共軍有三大艦隊，北海艦隊以黃海、渤海為防區，南海艦隊以南海及西南沙為防區，東海艦隊以東海及台海為防區。計畫犯台之兵力僅為東海艦隊之一部，由沙埕到汕頭間，各式艦艇約三百艘。**共軍現在把全國一半以上的快艇，及全部「明級」潛艇都放在東海艦隊，用意在加強對台作戰能力（註釋②）**。

三、空軍：

共軍各式戰機扣除防俄、越、印之外，用於計畫台灣作戰原在二五〇浬內有一千餘架，現階段為統戰故已大多退到五〇〇浬線，但可在一夜之間進駐二五〇浬線，空軍對台可用戰力如下：

㈠距台五〇〇浬內，扣除三分之一防空，出勤率百分之九十，可用各式戰機約四〇〇架。

㈡轟炸兵力：五〇〇浬內約有二百餘架。

㈢空降兵力：一個空降軍（轄三個師），兵力約有三萬人。

㈣蘇愷廿七戰機二十六架，現駐安徽蕪湖基地，台灣在作戰範圍內。

四、戰略導彈兵力：

長程彈道飛彈一部用於瞄準美俄，中程飛彈大都用於瞄準亞洲鄰近國家，但均可涵蓋台灣。

■支援部隊

「支援部隊」指南京軍區以外，臨時在必要時可以抽調支援台海作戰之兵力，其各防區必須在內外情勢平穩狀況下方可抽調兵力。

一、鄰近軍區可支援兵力：

戰略預備隊「濟南軍區」抽調兩個集團軍，廣州軍區抽調一個集團軍，成都軍區抽調一個集團軍，共計可抽調十餘萬兵力支援台海作戰。

二、海軍陸戰隊：

近年積極組建海軍陸戰隊，目前完成編組保守估計為三萬八千兵力，多則十萬。配備中共自製水陸兩用「六三式」坦克和新型登陸艦（註釋③）。

三、快速反應部隊：

目前南京、濟南、廣州與成都軍區，各編成一個「快速反應師」，機動方式概以空運為主，鐵路快速運輸為輔。自受領任務到達目標區執行任務，約廿四－四十八小時，判其可能用於犯台。

合計三種支援兵力至少有二十萬，其中快速反應兵力及海軍陸戰隊是「立即可用」；鄰近軍區兵力從接受支援命令起，開始集中、運輸、集結，到投入戰場最快約十天，最慢成都軍區約要二十天。惟中國大陸受限於交通運輸不便，輸具性能欠佳，戰時縱能排除困難，其動員支援的時限恐需更久。

■輸力

「輸力」即運輸能力。在武力犯台能力之評估，最重要就是輸力，不論總兵力有多大，能力多強，若輸力不能充份配合或輸力不足，不能將戰力（兵力及火力，火力就是武器裝備）輸送到戰場，戰爭也打不起來。例如美國打波灣戰爭，英國打福克蘭戰爭，戰場都在幾千公里之外，若輸力不足只有眼看敵人「耀武揚威」了。台灣海峽是個軍事障礙，若要渡海犯台必須有足夠輸力（註釋④）。共軍輸力現況如下：

一、兩棲正規輸入：

㈠有渡海能力的兩棲艦約六十艘，可運載二個加強師能力。

㈡中小型兩棲艇約三百艘，只能用近岸或「艦對岸」，能運載三個師兵力。

二、兩棲非正規輸力：

㈠商船：全國列入可動員商船約五百艘，約可運載七個師兵力，屬南京軍區商船有一八〇艘，可裝載四個師的輸力。

㈡機漁船：大陸蘇、浙、閩三省各型機漁船約一萬五千餘艘，可裝載輕步兵三十多萬兵力。此專為「萬船齊發」戰術備用。

三、空降輸力：

㈠中共空降兵力亦台灣所關注，目前以第十五空降軍下轄三個師為主力，空降總兵力三萬人，每次空降約一個團（見附件二十、廿一）。

㈡各型直昇機約三百架，一次可載運二千兵力落地，限於作戰半徑（直五式一一〇浬），目前不能用於對台作戰。但中共積極研發直昇機母艦，未來應能提昇空降能力。

渡海作戰必須依賴輸力，才能形成連續不斷、一波又一波的攻擊。現在依據共軍輸力，評估武力犯台時發起第一波攻擊時，可能兵力判斷（如附件十九），以戰略導彈、機漁船及直昇機空降三種兵力暫不列入計算，約有十個師，另加傘兵三千人。我們所必須注意的是中共登陸艦艇的造艦速度甚快，空運機自製與外購逐年增加；而空軍各型戰機在第一波攻擊之前，早已實施若干時間的「先期攻擊」；當然，戰略導彈可能也不會「太閒」，而這些都算是武力犯台的「能力」。

■各界對中共武力犯台「能力」評估之觀察

目前國內外政學界及軍事戰略專家們，對中共是否有足夠能力犯台的看法差距很大。概分「有能力」與「無能力」兩種，略述其要點以便探究該學者所說「能力」之意涵。

一、「無能力」犯台

持這個觀點第一位是美國亞太助理國務卿羅德，他多次從相對比較提出中共目前無力犯台說法，因為台灣有足夠防衛能力，而大陸現在問題太多，如通貨膨脹、市場量不安、勞工動亂及政治腐敗等，相形之下大陸無力犯台。這不僅是羅德，也是許多美國官員的看法（註釋⑤）。第二位是美國國會中國事務專家沙特(Bob Sutter)，他認為台灣海峽是不小的天然障礙，中共跨海能力仍然薄弱，台灣的防衛能力甚強，乃凸顯中共的能力不足（註釋⑥）。第三位是最近來台北參加「兩岸軍事衝突之可能」研討會，是美國戰略暨國際關係研究中心(CSIS)的專家肯班，他認為共軍的空中與海上戰力不足，機動性不夠。而且花十年才能訓練一支能渡海作戰的部隊，共軍未曾在這上面下工夫，才顯得無力犯台（註釋⑦）。立法院在九月份的一場「中共武力犯台」公聽會上，也評估「現階段中共無力犯台」，但有擾亂性攻擊之能力（註釋⑧）。

二、「有能力」犯台：

持有這個觀點的第一位是美國國會中共「人民解放軍」(PCA)研究專家，叫崔普利特(William Triplett)，他從歷史角度看，中共一向是「世界級的壞蛋」，前有文化大革命，近有「天安門事件」。尤其以中共現在經濟及軍事力量，應有犯台的能力（註釋⑨）。十一月國內的「美國之音」舉行研討會，一般學者及中共軍事專家也認為，中共若真要打台灣，能力不是問題，問題是願意付多少成本。從歷年對外用武來看，中共打仗通常不計成本（註釋⑩）。而十月立法院的公聽會上，官員與將領們認為「東海四號」就是武力犯台的能力展示，國防部參謀次長沈方枰也表示，依據歷史經驗觀察，凡涉及主權問題中共都有不惜一戰的決心（註釋⑪）。

這裡把各家對中共犯台「能力」，做一簡單的歸納概述，有正反兩面不同看法。不過依近四個月來（八十三年九到十二月）國內外各方立論，贊同有能力者多於無能力，且**西方學者大多認為「沒有能力」**，**國內則「有能力」者居多**。這其間的分野何在？依作者之見，兩種立論並不相背，且有相通之處，因兩方將所謂「能力」界定的標準不同，反面意見者認為打一百分才叫「有能力」，故不滿一百分就算無能力；正面意見者認為一百分固然是有能力，但七十分也是「有能力」的範圍。海峽兩岸都是中國人，故須從「中國式」來看「能力」二字。

■中國式「能力」界定

中國人作戰，尤其在「戰力」的運用上特別講究「奇正虛實」，透過「借力使力」便能「四兩撥千斤」，這在純科學的觀點是不通的，西方學者多數從科學方法來看「力」，變成一種「力學」，「我的力是我的力，怎麼可能借給你」，而「四兩」更不可能撥的動「千斤」。由此而論證中共現在，甚至再十年（註釋⑫）無力軍事犯台。再者中共的戰力被台灣的防衛力量及海峽的自然因素抵削掉大部份，綜合起來就成了「無力犯台」。

中國式「能力」的界定，尤其兵法上對能力的界定與展示方法，並不完全是科學的，有更多是哲學藝術層面上的問題。孫子兵法上說：

「兵者，詭道也。故能而示之不能，用而示之不用，近而示之遠，遠而示之近。」

「微乎！微乎！至於無形；神乎！神乎！至於無聲，故能為敵之司命。」（註釋⑬）

依作者透過科學量化的評估（本文貳、參、肆節），並思考中國人對「能力」的運作方法，認為中共有能力犯台，而這個「能力」可能是七十分，也可能有九十分以上的機會。如果中共發動台海戰爭，決心用武力統一中國，最後的「戰果」在中共的滿意程度上，不論是七十分或九十分以上，甚至六十分以下不及格，但對台灣而言必定是「災情慘重」的。

■第三波式「能力」界定

「新戰爭論」的作者托佛勒與海蒂(Alvin and Heidi Toffler)，把人類戰爭史依據社會變遷過程區分成三階段，謂之「三波」。每一波代表那個時代戰爭性質、規模及標準，而成為一個「模型」(Model)。透過這個模型可以評估一場戰爭的水準或規模，當然也是評估戰力及戰爭「能力」的好公式，首先簡介此三波之特質。

一、第一波戰爭特質：（註釋⑭）

㈠為傳統農業時代社會，戰爭與農閒密切相關。

㈡作戰規模、能力有限，部隊士氣不易掌握。

㈢官兵未經制式教育訓練管道，品質差異大。

㈣晚近雖有弩砲，面對面相搏或白刃戰仍重要。

㈤組織、後勤、通訊、酬庸及管理無現代觀念。

二、第二波戰爭特質：

㈠工業革命發動第二波變動，「大量生產」是經濟原則；「大量毀滅」是戰爭原則，為第二波萌芽。

㈡官兵都透過制式教育訓練管道，素質容易控制，徵兵制度開始建立，有制度化的管理。

㈢武器生產、作戰規模、毀滅能力都「超級大」，而且經由一貫作業完成之，是「大眾」組織。

㈣攻擊時不分軍事目標或民間設施，一齊毀滅。

㈤整體戰爭觀，整個社會成為一部「戰爭機器」（註釋⑮）。即全國所有成員都動員。

三、第三波戰爭特質：

㈠一九八〇年初是第三波萌芽，一九九一年波灣戰爭是「第三波典範」。

㈡知識為導向，官兵素質高，人人都有思考與創造力，甚至提出問題，挑戰權威，「拿電腦的兵比拿槍的兵多」。

㈢自行判斷及智慧武器裝備開始出現，作戰訓練講究專業，後勤「尾巴」特長。

㈣軍隊組織規模漸小，火力更大，機動更強，一發命中，C^3I已經不足，C^4I才夠（註釋⑯）。

㈤作戰過程使用龐大資訊，必須由電腦、資料庫及衛星連接成整體網路，經由系統整合，提供參謀最正確數據，提供指揮官最佳方案（註釋⑰）。

在托佛勒研究中，伊拉克軍隊代表第二波文明，只是一支傳統的「戰爭機器」。而這部機器並沒有形成完整的「內建回饋系統」，也沒有自我調整性能。人員素質的低落，喪失了先發先制的創作力，反觀聯軍已經具備「第三波思想系統」的能力。

使用這「三波」模型為觀察標準，並將本書所論中共戰爭潛力、武器研發概況、兩岸戰力比較、最近共軍演訓概況，及本篇中共武力犯台可用兵力、支援兵力與輸力等，全部放在每一波模型中，逐一比較。我們一樣可以從西方科學觀點，來評估中共是否有能力對台灣發動一場成功的渡海作戰，現在作者做如下宣佈：

「現階段中共沒有能力對台灣發動一場成功的「第三波」式武力攻擊；但有能力發動第一或第二波式的武力攻擊。」

當我們把戰爭區分成三波標準時，並不表示具有第三波素質的部隊一定打贏第一或第二波的軍隊，第二波打贏第一波軍隊。也不表示第一波素質軍隊沒有機會打敗第二或第三波軍隊，某些時候政治力量可以左右戰局。以越戰為例，當時美軍素質為第二波，而越共可能是第一波邁向第二波的中間，但結局使美軍沒有光彩，直到二十年後的一九九一年波灣戰爭才挽回面子。

■結語

本文從大陸武器裝備現況、中國式思考模式及西方「第三波」模型，三個面向分析中共武力犯台「能力」。作者旨在說明或證明中共有犯台能力，並解析此種「能力」之強度。而多數西方學者及少數國內人士所認定「沒有能力」武力犯台，所指的是沒有發動「第三波」式水準的台海戰爭，但有能力發動第一或第二波水準的戰爭，頂多有少數「第三波武器」派上用場。作者所說「有能力」指此而言。

我國軍近年雖積極採購先進武器裝備，加速「十年兵力整建」，但整體言應在「結構」的改變上加速改革。蓋「結構」不變，「體質」也不會變，所有進步、超越、創新的理念，都有可能成為一紙「呈閱、照辦、存查」的官文書。也就是說若無體質上尋求改變，就很難由第二波邁向第三波；若不能轉型到第三波素質的軍隊，相對是在提昇中共武力犯台之「能力」，深值思之。

註釋

① 本文關於中共三軍兵力部署，主要參考中華民國八十二─八十三年國防報告書（台北：黎明文化事業公司，八十三年三月初版），第一篇：及近半年來中國時報與國內各報所報導。

② 戴崇倫，「中共海軍─潛辰篇」，全球防衛雜誌，第九十三期（一九九二年五月一日），頁二八─三七。

③ 中國時報，八十三年六月五日。

④ 軍事上有戰略價值的「軍事障礙」有二個定義：

㈠有利防禦，而部隊通過時不能展開。

㈡有相當長度寬度，使戰略行動產生幾個方案。

⑤ 中時晚報，八十三年十月二十九日。

⑥ 中國時報，八十三年十月二十二日，第九版。

⑦ 自由時報，八十三年十一月二十三日，第一版。

⑧中國時報，八十三年九月二十七日。
⑨中國時報，八十三年十一月五日，第十七版。
⑩中國時報，八十三年十一月二日，第十七版。
⑪中國時報，八十三年十月二日，第四版。
⑫由中國信託商業銀行舉辦第二屆台北圓桌會議，討論主題是「台海兩岸是否會爆發軍事衝突」，美國戰略專家肯班報告，再十年內中共都沒有能力犯台。見自由時報，八十三年十一月二十三日，第一版。
⑬〈孫子兵法〉，始計篇、虛實篇·徐瑜編，（台北：時報文化出版公司，七十六年元月十五日）。
⑭Alvin and Heidi Toffler著，傅凌譯，〈新戰爭論〉（台北：時報文化出版公司，一九九四年元月十五日），第五章。
⑮同⑭，第六章。
⑯C^4 I是「控制Control」、「指揮Command」、「通訊Communication」、「電腦Computer」與「情報Intelligence」四者。
⑰同⑭，第九章。

第9章

中共武力犯台的可能行動方式

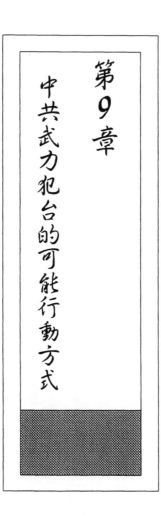

其疾如風，其徐如林，侵掠如火，不動如山。

——《孫子兵法．軍爭篇》

先發制人，後發制於人。

——漢．班固《漢書．項籍傳》

戰爭中的每一次戰鬥都是獨特的，需要對實際情況作深刻的分析。

——英．邱吉爾《論馬爾博羅》

凡與敵戰，必須料敵，詳審而後出兵。若不計而進，不謀而戰，則必為敵所敗矣。

——明．劉基《百戰奇略．輕戰》

善用兵者，能變主客之形，移多寡之數，翻勞逸之機，挽順逆之狀。

——明．揭暄

第9章　中共武力犯台的可能行動方式

當我們對中共武力犯台能力有認識後，下一步就要探討犯台的「可能行動方式」，這也是民間社會各階層所關心，國軍部隊日夜辛苦進行沙盤推演與實兵演習的依據，到底「大野狼要怎樣進來」?本文列舉各項可能行動方式、預判進行程序，分析較大可能行動對我之影響。假如我們將「對手」的來路弄得清清楚楚，或許可以有比較正確的備戰方向，不致於守在不該守的地方，攻在不該攻的地方，浪費公帑與兵力或許可以補救，但導致國家社會淪亡則是不可挽回。

■現階段可能行動列舉

八十三年的國防報告書認為中共對我政治攻勢，若未能達到預期目的，則

「以戰逼談，以武逼統」的軍事手段，可能逐級付諸實施，其可能行動方式有六種（註釋①）。

一、以戰機逼向海峽中線西域，製造緊張與壓力。
二、以M族飛彈向台灣西部突襲，造成心理破壞。
三、在台海製造糾紛，藉護漁攫取海峽主控權。
四、襲擾我外島運補線，迫我自衛，擴大事端。
五、逐次突襲奪取我金馬及各離島。
六、對台灣地區發動大規模正規與非正規全面攻擊。

近年以來，對中共攻台的行動方式，國內外的消息靈通人士或學者專家頗多報導。尤其台灣在內政外交上的發展，依中共認知似有「獨立」之勢。故八十三年七月份時，中共在北京召開中國共產黨軍事委員會擴大會議，主要議題是關於最近台灣情勢分析，及武力統一作戰基本計畫，會中首先由負責實現「祖國統一」進行裝備現代化的各司令員提報，空軍司令員曹雙明報告蘇愷戰機採購及訓練，海軍司令員報告航母建軍情形，而會議核心問題就是武力統一台灣計畫，由南京軍區提出作戰草案，分成四個作戰階段完成武力統一目標：

一、以海空軍為主體，武力封鎖台灣；
二、佔領金、馬二島；
三、佔領澎湖群島；
四、對台灣本島轟炸和強襲登陸（註釋②）。

作者盱衡當前國際情勢，深入觀察兩岸現況與地理關係，並依據共軍戰力、能力，參酌國內外軍事專家與學者，研判中共現階段可能行動，依緊張程度之不同，由低向高逐一列舉如下：

一、島內滲透，聚積人力，見機擾亂破壞，並待機裡應外合，以掌握先制。
二、製造海、空糾紛，或利用偶發事件升高緊張，主導優勢，對我形成壓力。
三、機艦「不小心」進入我空海域，或飛彈試射時「意外」落彈在台灣附近地區，且次數增加。
四、發動難民戰，製造社會不安，困擾政府處理其他問題能力。
五、在適當時間與地點實施大規模軍事演習，進行恫嚇，或主動挑釁。
六、進行海空封鎖，截斷台灣一切對外往來。

七、宣佈台海為戰區，凡未經共軍核准之機艦一律不准進入，否則將其飛機擊落，船艦擊沉。

八、先奪取金馬及其他離島。

九、再奪取澎湖群島。

十、從島內直接突擊我政經中心、軍事指揮所及總統府等地區，並以台北為首要。

十一、海空攻擊，包括飛機、飛彈先期轟炸，瓦解我政、軍、經、心等各要域。

十二、全面攻擊，三棲進犯，不計一切代價完成中國統一的「歷史使命」。

■可能行動之程序

觀察古今中外戰史，戰爭過程都是經過一些特定程序，如緒戰、開戰、決戰與終戰。大體上的四步驟是：放出風聲，打聽行情↓增兵演習，升高對立↓先期作戰，逐次增兵↓地面決戰，終戰指導。若共軍武力犯台，其每一步驟將如何？應有跡可循。

一、升高緊張、製造對立階段：

本階段是在現有的基礎上，加速擾亂滲透破壞等行為，以加速台灣社會不安，製造海上與空中機艦或漁船糾紛，利用偶發事件升高緊張程度，提出我方無法接受的條件，增強雙方對立。例如十一月間發生「小金門火砲誤擊廈門事件」，大陸雖接受「誤擊」說法，但要「保證不要再發生這類事件」。顯然是很難接受的條件，誰都不可能「保證」軍事訓練沒有意外（註釋③）。

在本階段若有「經常性」的機艦「誤入」我海空域，也是明顯的探測行為。或飛彈試射時落點在台灣附近海域，且有兩次以上連續發生，這便不是誤差，而且在求取射擊「修正量」，若此時再發動「難民戰」，雙方關係便由「緊張」程度提升到「敵對」程度。

一九九〇年伊拉克正打算要武力「統一」科威特前，先指責科威特是造成油價下跌的罪魁禍首，要求賠償一百四十億美元，又指責科威特「盜採」原油，要求賠償廿四億美元（註釋④）。科威特當然不可能接受。二月阿拉伯合作會議舉行時，伊拉克揚言將向波灣地區索取大約二百億美金，海珊宣稱「如果波灣地區國家不給，他將自己動手去拿。」（註釋⑤）類似這樣的話大陸才剛說過，正當台灣積極於進入聯合國活動，爭取總統參加亞運時，大陸海協會副會長唐樹備在舊金山發表強硬聲明：

「台灣要加入聯合國，不行；要和美國建交，不行；要搞度假外交，不行。」

「硬要去，我們只能反對，你們要自己闖，我們只有反對。」

「你們是搞不成的，只有跟我們說，我們可以給。」（註釋⑥）

唐樹備的講話其實正代表中共正式聲明，更展現中共統戰部門運用和戰「兩手策略」的「高明」。立即使兩岸關係升高緊張，並能產生所「預期」之內的敵對意識。以此為例，第一階段目標就算達成。

二、增兵演習、創造戰機階段：

本階段可能從擴大軍事演習開始，擴大演習地區，將台灣海峽納入演習地區範圍內。按各國一般軍事演習常規「演習視同作戰」，故將台灣海峽劃入演習地區，雖未正式宣佈「封鎖」台海，但已「未宣而封」；雖未宣佈台海為戰區，但已視同「不宣而戰」。因為所有機艦及人員未經許可進入演習地區，便視同擅入「戰區」，一切後果自行負責。

伊拉克總統海珊在以軍事入侵科威特之前，先調派三萬部隊在伊科邊界「演習」，七月廿二日埃及總統穆巴拉克與海珊晤談後，海珊保證「不會對科威特有所不利」（註釋⑦）。但七月廿六海珊再增兵三萬到伊科邊界，三十日增兵為十萬，八月二日凌晨二時伊拉克部隊發動閃電突襲，六小時內攻陷科威特，事後中共把伊拉克閃擊科威特當成一個「模式」，軍委秘書長楊台冰做報告時說：「這給我們解決台灣問題提供了借鑒，再有錢也是沒用的，還是軍事實力決定勝負。」（註釋⑧）

在本階段軍事演習中，兩岸對立意識必然不斷升高，並衍生出若干程度之敵意，若再將台灣海峽劃入演習地區，則雙方產生若干軍事「磨擦」可能在所難免，當磨擦升高，政治談判沒有結果，中共所提條件不能接受時，有可能再產生少許軍事「衝突」。至此中共正式宣布封鎖台海時機已然出現，也可能「不宣而封」；而台灣為了生存也必須進行「反封鎖」，打通「生命線」。到此時，不論宣或不宣，台海已是戰區，第二階段「創造開戰戰機」之目標就算達成。

三、先期作戰、完成決戰準備階段：

本階段繼「發佈台海為戰區」後，首先以優勢兵力（至少十倍）奪取烏坵、莒光、馬祖及金門等各離島，接着奪取澎湖。就在這同時，以其戰機、飛彈對台灣本島進行全面進攻，依據評估在「數日之內，打沈台灣船隻、摧毀台灣軍用、民用機場，使台灣的電台、電視台癱瘓、暗殺幾個台灣重要官員、炸毀總統府、行政院、指揮中心，這種能力在突襲前提下中共是具備的。」（註釋⑨）這個階段可能數日、數十日或數月不定，當一九九一年聯軍作戰準備完成，元月十七日開始對伊拉克發動海空先期作戰，開始為期三十六天的先期作戰，出動十一萬餘架次飛機，幾乎毀滅伊拉克所有政軍經設施，摧毀伊軍所有戰力。到二月中旬以後伊拉克已形同癱瘓，「**海空摧毀，陸軍收拾殘局**」已在這次聯軍對伊作戰中，建立起一個「典範」。以後的戰爭，尤其中共發動武力犯台作戰，這已是必具的作戰模式。當台灣政軍經設施大部份被摧毀，三軍主要火力如飛機、飛彈、火砲、戰車及作戰指揮中心癱瘓，軍隊士氣瓦解，國民意志崩潰，所有外力外援全部「石沉大海」。第三階段「先期作戰」任務便算完成，最後一步只待「登陸決戰、收拾殘局」。

四、地面決戰、終戰指導階段：

當先期作戰進入尾聲，共軍第一波登陸兵力（如附件十九）已待令準備出發。計有兩棲艦約六十艘裝載登陸部隊二個師、中型登陸艇約可裝載一個加強師、空降傘兵三千人、大型機漁船裝載輕步兵約數萬人、商船所載部隊約四個師兵力，待台灣港口在控制之內時再出發；同時海空軍一面掩護登陸部隊完成登陸，再一面持續摧毀我三軍殘存戰力。另一波登陸兵力當然已在待命中。

當波灣戰爭聯軍的先期作戰告一段落，二月廿三日晚上十時，美國總統布希下令聯軍對伊發動地面決戰，此時伊軍實已無作戰能力，二月廿六日海珊宣告放棄科威特，廿七日美軍第一〇一空降師快速抵達幼發拉底河岸，完成對伊拉克共和衛隊的包圍態勢，廿八日上午十一時聯軍宣布作戰終止，科威特光復，贏得幾乎「完美」的戰爭，地面決戰階段只有一百小時宣告完成。終戰之後，若是伊拉克和科威特只須在聯合國規範內，辦理戰後復員工作、科威特積極展開復國重建，因為他們原是兩個不同的獨立國家。但是海峽兩岸同是同文同種一國人，經歷一場毀滅性決戰後，**中共也許勉強用武力統一中國，但已經形成的「血海深仇」，縱使百年亦不可能痊癒，屆時島內獨立運動必將再起，而且**

採取更血腥的恐怖主義手段，來達成最後獨立目標，兩岸人民的關係也淪為惡性循環的局面。

■「海空封鎖、迫困和談」之分析

前述列舉十二項可能行動，不論其程序如何排配或增減，**就台海防衛作戰言，篩選其影響重大及較大可能發生者進行分析。有四項：海空封鎖，迫困和談；攻略金馬澎湖，以戰逼和；飛彈飛機攻擊，癱瘓逼和；三棲進犯，全面攻擊。**首先分析「海空封鎖」。

最近依據美國、日本及以色列方面對中共軍事情報顯示，中共武力犯台之前，可能先進行海空封鎖（註釋⑩）。**何謂「海空封鎖」？即由海底潛艦、水面戰艦及水雷、空中飛機與飛彈**三者，**對台海地區行立體包圍，截斷一切內外交通**。這個行動的目的可以迫我反封鎖，儘早釋出戰力，否則只有封鎖到全面瓦解，但中共封鎖能否奏效？台灣反封鎖能否突破，逐一分析它。

首先是中共潛艦封鎖。從地形上看，台灣海峽的「台灣灘」水深不到一百五十呎，潛艇活動受限很大，只要用深水炸彈就能獵殺潛艇（註釋⑪）。所要顧慮的是台灣海峽南北端及東岸太平洋，惟以目前國軍的驅逐艦、反潛艦及反潛機，面對共軍的潛艇優勢，突破共軍水下封鎖應很樂觀。據評估我空軍現有的S-2T反潛機，配合海軍S-70C反潛直升機，水下劍龍級潛艦及水面二代艦成軍，可有效反制中共的水下封鎖（註釋⑫）。

其次是水面戰艦及佈雷封鎖。一種最便宜的軍事封鎖行動就是近岸佈雷，但必須先掌握「海優空優」的先決條件。根據統計，中共海軍在天氣良好情況下花一星期時間，需要七千枚水雷就能將台灣完全封鎖（註釋⑬）。但相對的佈雷也同時阻礙共軍船艦接近台灣海岸，何況我軍也實施反佈雷。在共軍可能登陸海域或灘岸佈雷為反登陸手段之一，目前我金馬離島在共軍可能接近路線都已完成佈雷。故佈雷戰雙方互有利弊，但通常弱者一方或採守勢方面較為有利。在水面戰艦封鎖方面，以目前中共的海空優勢，再以未來兩年內是海峽兩岸海空戰力最懸殊階段，中共確實有能力以水面戰艦封鎖台海地區，但代價恐須很大。果如此，國軍戰艦應以保存戰力為上策，避免在反封鎖過程中造成太大損失。

其三為飛彈飛機封鎖。凡經過台海之機艦未經中共許可一律加以攻擊，但共軍飛彈飛機並不直接攻擊台灣本島，目的在封鎖進出台灣地區的各型機艦，以切斷台灣經濟命脈。以目前共軍掌握空優情況，確實有能力對台灣進行封鎖，但能否成功端看時間長短，或台灣進行反封鎖之決心如何！

綜合各項封鎖方式，到底中共能否用這個法寶迫使台灣就範？前任陸戰隊司令認為台灣四周海域甚廣，要全面封鎖並不簡單，而且雙方在「封與反封」中易有接觸戰（註釋⑭）。最近在美國的一個討論會中，評估中共雖可能封鎖台海，但無法迫使台灣投降（註釋⑮）。作者同意這樣的看法，**以台灣戰力及背海一戰之決心，承受相當時日之封鎖，以待反封鎖及封鎖解除，這個潛力應是具備的。而這個潛力來自一種「台灣生命共同體」已逐漸凝聚其力量**。

■「攻略金馬澎湖，以戰逼和」之分析

以中共目前所能投入第一波登陸攻擊兵力（見附件十九）不足，陸軍直升機及一萬多艘機漁船受限於海峽寬度及天氣，戰力明顯地難以發揮。故先攻略

金馬馬及附近離島，再奪取澎湖，乃犯台先期作戰中必須拿下的階段目標。奪取金馬與澎湖後，至少可以獲得下列戰略利益。

一、可進可守：

進可直接進犯台灣，以戰逼和。或就地進行政治談判，迫我接受所提條件（如一國兩制），若不接受便全面攻擊台灣。縱使暫不打台灣，拿下金馬和澎湖對台灣政治、社會和心理已是極大威脅，可以靜觀其變。

二、轉變戰略態勢：

原本金馬與澎湖可以成為台灣心理上的「前線」，台灣海峽是我們的「內海」，心理上有一層安全感，但金馬澎湖若被中共奪取，這層安全感可能快速瓦解。而在戰略上台灣的「縱深」完全喪失，台海成為共軍的內海，共軍隨時可以到我們「家門口」來巡邏。戰略態勢完全改變，從可守可攻的狀態轉變為完全受制狀態。

三、澎湖成為攻台中間站：

共軍許多直升機、氣墊船及中小型登陸艇，在犯台初期可能因海峽太寬派不上用場。奪取澎湖後做為攻台中間站，澎湖有良好機場、港口設施可用，正好發揮短程武器及中小型裝備威力，對直接犯台作戰有戰術上的利益與優勢，並有利於技術上的突破。

四、迫我在不利狀況下決戰：

戰場上要取得勝利的最佳戰略，就是「迫敵於不利狀況下決戰」。共軍奪取金馬澎湖後，一方面佔盡戰略戰術之利，再方面直接威脅台灣，我海空軍有可能被迫或被誘先期投入決戰，再以其優勢海空戰力殲滅我海空軍主力。

五、確保台灣政經文教建設：

若直接攻略台灣必因兩軍決戰，造成台灣政經文教設施全部摧毀，對人民生命財產造成極大殺傷力，無異埋下種族上的「血海深仇」。極不利未來統一與接收工作之進行，故攻略金馬澎湖後，若能以政治談判方式取得台灣，不但「確保台灣政經文教設施」，「仇」也不致結得太深，有利於接收及統一工作進行。

依據共軍南京軍區向中央軍委所提「武力統一作戰草案」，佔領金馬是繼封鎖後的第二階段目標，奪取澎湖為第三階段目標（註釋⑯）。但作者研究共軍佔領金馬後，澎湖為勢在必取，志在必得，才能獲得戰略、戰術及戰技之利，故金馬與澎湖為一體。**在中國尚未以和平、民主方式統一前，台灣若想「生存」，必須先確保金馬與澎湖不被中共佔領，也是確保台灣生存、發展的先決條件。**

■「飛彈飛機攻擊，癱瘓逼和」之分析

中共現有飛彈如附件十三、十四（艦載飛彈未計），東風系列及M族兩類，射程都可以涵蓋台灣全境。尤其M族為「戰役戰術導彈」之用，依情報顯示目前鷹廈鐵路沿線已部署大量M族飛彈，（註釋⑰）對我形成極大威脅。再者使用中長程轟炸機對台灣政軍經要域輪番轟炸，亦造成很大傷害，這是中共採用美軍在波灣戰爭的模式。但對台灣而言效果如何，分析如後。

一、我軍預警時間較短，反應能力降低：

目前東風系列和M族經中共研發，機動性及準確度大幅提高，使我雷達偵察時間增長，攔截或反擊的反應時不夠，將增加我軍傷害及精神壓力，就兩軍「公開公平」對決上，我軍先趨下風，較為不便。

二、長期轟炸使政軍經心設施受到強大破壞：

我方軍事目標如三軍基地、指揮中心、飛彈陣地、火砲坦克及國防工業生產製造地區、政治目標如總統府、行政院、各府會辦公地點；經濟目標如工業區、煉油廠、生產製造中心及全省鐵公路橋樑，都將受到強大破壞，造成全島癱瘓，此時正是逼迫和談之良機。

三、被迫出戰逐次消耗台灣戰力：

當中共飛機空襲、飛彈攻擊時，我軍不可能完全忍受攻擊，必須對來襲飛彈攔截，對飛機採取消極或積極的反制措施。如此不但被迫「出戰」，且將逐次消耗飛彈及飛機數量。故當面臨這一波攻擊時，我軍應以保存戰力為優先，以待爾後反擊有可用之戰力。預判台灣現地下化及防護工事（如佳山基地），應能保存相當戰力，做為最後運用於任何方面之籌碼。

四、代價小、功效大，但不能結束戰局：

用飛彈飛機進行長期攻擊，亦為代價較小，功效較大的行動方式。但證諸戰史，如二次大戰德國轟炸倫敦，民國四十七年中共對金門發動砲戰，一九九一年波灣戰爭中聯軍轟炸伊拉克，雖由空中進行長期、優勢與大規模轟炸，沒有登陸並採地面決戰，則最後輸贏是誰依然難料。中共若採空中攻擊方式，可以預判並不能結束戰局，若未能在「最短時間」內結束戰局，必將產生各種「變數」，統一問題亦未獲解決。

再者，中共飛彈與飛機的精準度，並不能如美軍那樣可以只攻擊軍事目標，不攻擊民間設施及平民。可以預判共軍的攻擊必然是軍事目標，但民間目標如藝術中心、嬰兒奶粉工廠與學校，甚至醫院也都跟著摧毀，平民傷亡更是空中攻擊的「附加價值」。果如此，則「血海深仇」一但結了，要逼「和」已經是很難的。

■「全面進攻、三棲進犯本島」之分析

台海兩岸發展到今天的關係，雖雙方對「中國」的定位尚無交集，武力衝突也繪聲繪影增加心理緊張。但作者認為雙方已甚節制，據判斷中共目前對統一並無太大急迫感，且未到武力攤牌的時刻（註釋⑲）。八十三年十一月前美國國務卿貝克來台訪問，曾表示海峽兩岸以和平解決統一問題，現在已經走上

這條路了（註釋⑳）。而且似已看到一線希望，這是一條唯一而最值努力以赴的路。若國內因政黨族群之爭失去理性，導至社會動亂；或宣佈台灣獨立，中共亦可能冒然直接犯台。「全面進攻，三棲進犯本島」，其各種方式分析如後。

一、「閃電奇襲，重點在北，一舉攻下」

奇襲必須神速機動、極端秘匿，從武器、戰法、時間方面造成奇襲效果，即兵法上所謂「攻其不備，出其不意」，為戰史上重創敵軍，創造勝利常用手段。如一九四一年日軍偷襲珍珠港，重創美軍太平洋艦隊；近如一九九〇年伊拉克入侵科威特都是。惟共軍若運用此一模式，對我「閃電奇襲」仍受若干因素限制。其一為目前偵蒐能力的提昇，雙方軍隊、軍艦、飛機及重要戰略武器有任何動態，通常對方已能事前偵知研判，先期準備反制措施。除非早期完成「演習準備」，並突然從「演習狀態」猝然提升戰備程度，直接進入「作戰狀態」，作戰目標指向台灣，則我軍預警時間相對縮短，重點在北，北部政經要域將受重創。其二為奇襲目標通常較「小型」或為「點目標」，只能造成局部地區的重大破壞。當台灣的某一「點」被奇襲重創，「全面」立即反應奮起抗戰，想要利用奇襲手段，「一舉攻下」全台恐非易事。

二、「先東後西，重點在東，逐次攻略」

對我全面進犯並置重點在東部，花東地區地廣兵少，為台海地區戰力較弱之處。而西部地區兵力轉用受限於地形交通，亦不能及時增援；再者西部兵力也可能自顧不暇，也無力增援。台灣將陷入腹背受敵，共軍先攻略花東，進而東西夾擊台北，逐次攻佔全島。惟此一戰略亦有限制因素，其一為共軍作戰路線相對增長，所能用在花東登陸之兵力相形減少。其二喪失奇襲效果，我軍準備（東部）時間加長，將可減少作戰損失。其三東部受中央山脈屏障，可減低共軍飛彈攻擊之破壞。但未來中共航母建軍完成，可對台灣進行「顛倒東西」攻擊，東部地區將遭受更大威脅。

三、「全面進攻，三棲進犯，重點在北」

這是一個「第三波」模式的攻擊，以目前共軍海空能力、輸力，採用此一行動受限因素較多（如第8章共軍武力犯台能力評估），除非國際政局、中共與美國軍事合作及台灣內部政局發展都對中共有利，三棲進犯可不斷持續，並能儘早奪取台北政經要域，再攻略中、南部及東部。

■結語

本文討論中共武力犯台可能行動方式，對現階段共軍所有可能行動都加以列舉，分析可能的行動程序，針對最可能的四個可能行動，逐項分析對兩軍之限制因素，及對兩岸可能影響。研判未來可能之發展，兩岸可能在和平、理性之原則下，逐次建立某些共識及高層交流管道，這是對未來樂觀的期盼，所有中國人都希望不要再「自相殘殺」了。我們（兩岸）要和平，不要戰爭。

但是，消彌戰爭的方法，不是裁減軍備，廢除國防，放下武器，而是積極建軍備戰，「勿恃敵之不來，恃吾有以待之」；「勝兵先勝」而後「求戰」或「不戰」，其主動權都在我，才不受制於敵。故審察現況共軍已建立海上作戰部隊，航母建軍正加速進行，犯台能力及輸力逐年提升，研判未來可能行動，若政治談判未達中共所預期目標，亦有可能對我全面攻擊，三棲進犯。

加速兩岸和平交流，積極建軍備戰，是反制中共各項可能行動方式，確保台海安全的法門。台灣有了生存、發展，中國和平統一就有了希望。

註釋

① 中華民國八十二－八十三年〈國防報告書〉（台北：黎明文化公司，八十三年三月初版），頁六三。
② 中國時報，八十三年十月十五日。
③ 中國時報，八十三年十一月十八日，第一版。
④ 國防部編，〈波灣戰爭心理戰研究〉，總論（台北：國防部總政治作戰部，八十二年四月，再版）頁二二。
⑤ 同④，頁二三。
⑥ 中國時報，八十三年九月十九日。
⑦ 同④，頁二五。
⑧ 同④，研究之七，頁三五六。
⑨ 李三元，「中東戰事對台海關係的啟示」，同④，研究之七，頁三五九。
⑩ 研判對台封鎖之情資來自下列：

㈠美國、以色列國防研究單位「中共對台作戰計畫評估」。中國時報，八十三年九月十四日，第九版。

㈡「日本產經新聞報導」。中國時報八十三年十月十五日及十一月十一日。

⑪ ㈢美國蒙特利公園市林肯酒店演講會。自由時報，八十三年十一月廿一日。

「台灣灘」指由汕頭直線延伸，到台灣鹿港南北約五十浬寬地區水域，水深都不到一百五十呎。狄縱橫，〈透視台海戰史〉（台北：群倫出版社，七十四年七月二十五日），頁一二七。

⑫ 中國時報，八十三年六月五日。

⑬ 同⑪，頁一三一。

⑭ 中國時報，八十三年九月二十七日。

⑮ 自由時報，八十三年十一月廿一日。

⑯ 中國時報，八十三年十月十五日。

⑰ 聯合報，八十三年九月四日，第四版。

⑱ 積極防空措施，係直接對來襲之敵機、飛彈加以摧毀，包括飛彈反制、攔

截、防砲射擊及電子干擾等。所謂「消極防空措施」，旨在減少敵空中攻擊的傷害，如地下工事、防護工事、偽裝、疏散或利用夜間行動，都能減低傷害。

⑲ 中國時報，八十三年十月二日，第四版。

㉑ 中國時報，八十三年十一月八日，第四版。

第10章
中共犯台登陸作戰之完成

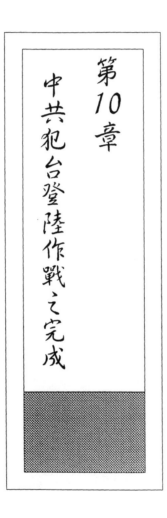

進行戰爭，既意味著殺害無辜者，也意味著讓自己無辜被殺。

——美・愛因斯坦《愛因斯坦文集》

仇恨是由戰爭的創傷所造成的傳染病，它對那些懷恨的人和被恨的人都同樣有害。

——法・羅曼羅蘭《超越混戰・致我的批評者》

唯有盜竊才是所有戰爭的目的。

——法・伏爾泰

戰爭是由於各國的軟弱和愚蠢而發生的。

——法・羅曼羅蘭《給葛哈特・霍普曼的公開信》

戰爭是「恐怖中的恐怖，各種罪惡中的魁首」。

——瑞典・諾貝爾

第10章　中共犯台登陸作戰之完成

以登陸作戰為體裁的電影，如「最長的一日」(The Longest Day)、「六月六日斷腸時」(D-Day the Sixth of June)等，其壯觀、感人及忠於歷史是許多看過的人所不能忘記的。但是軍事上登陸戰的計畫作業過程，是專業技術很高而內容枯燥乏味的一門課程。作者曾考慮過是否將本章納入，後來認為目前國人在「知」的權利已偏向「深廣」層面，讀者們或許也希望知道到底「如何」犯台的。本文以中共對我武力進犯之登陸構想為大綱，（註釋①）存其重要且易於「觀察」部份，去其部份乏味的技術性內容。對台灣實施反登陸作戰，應有「反瞻」效果。

所謂「登陸作戰」，廣義指一切海外作戰都是。狹義而言有兩階段，海上運動為第一階段；登陸後的陸上作戰為第二階段，當陸上作戰部隊與海上運輸失去直接關聯時，登陸作戰即告結束（註釋②）。故本質上的登陸作戰，就是三軍聯合兩棲的攻勢作戰。中共依據台海特殊環境，研擬出以「方面軍」為主的作戰方案，所謂「方面軍」是共軍由軍區在戰時編成。故依現行中共作戰計畫，犯台方面軍由南京軍區編成，平時的兩棲登陸演習都要配合演練，共軍最近在台海附近的演習（附件十六），如海南島、東山島，兩棲登陸都是重要課目。

■方面軍台海登陸戰役編組

方面軍登陸戰役通常由三到七個集團軍、海軍艦隊及空軍集團軍編成，區分兩梯隊，如下表：

單位區分	建制	加強
合成集團軍	三—七	
空軍集團軍	一	
空降師	○	一
地炮師	二—四	
高炮師	一—二	
導彈團（反坦克）	一—二	
坦克師	一—三	
水陸坦克團	二—四	
附記：其他有工兵、舟橋、地爆、通信、防化等單位及各型勤務部隊。		

方面軍編成時戰區內之地方部隊和民兵，均統一納入登陸部隊指揮運用。

依本表方面軍編成兵力約在四十萬到八十萬之間。但實施對台先期作戰之部隊，如戰略與戰役導彈、空軍戰略轟炸，及海軍艦隊負責護航、潛艦作戰、艦砲轟炸等參戰部隊，均未計算在內，蓋登陸作戰為抵消自然環境的抗拒，加上反登陸部隊通常是「退無死所」的拼死一戰，故作戰總兵力總是數倍於防守的部隊。現在把陸軍的集團軍所包含部隊分解如下表：

單位 區分	陸軍師	地炮師	地炮團	高炮師	高炮團	導彈團 (反坦克)	砲兵團	坦克師	水陸 坦克團	附記：其他有工兵、地爆、舟橋、通信及其他勤務部隊。
建制	三—五	一		一		一		一		
加強			一—三		一—三		○—一		一—二	

海軍艦隊參與方面軍登陸戰役編組如下表：

數量　（個）		單位	兵力類
集團軍戰役	方面軍戰役		
一	二～四	支隊	潛艇
一	二～三	支隊	驅逐艦
一	二～四	支隊	導彈、魚雷艇
二～三	三～六	大隊	獵潛艇
四～五	四～六	大隊	護衛艇
一～二	三～六	大隊	掃雷艇
一	二～三	支隊	登陸艦
二～三	三～六	大隊	登陸艇
二～三	三～五	大隊	勤務船
一	二～三	師	航空兵
一	二～三	師	殲航師
一	一～二	團	海岸導彈
一～二	一～二	團	海岸砲兵
二～三	四～六	團	高射砲兵
	｜	師（旅）	海陸

附記：航空兵、殲航師在編制上都屬海軍。

空軍參與方面軍編成為「空軍戰役軍團」，預判有五到七個殲擊航空兵師，二到三個強擊航空兵師，二到三個轟炸航空兵師，一到二個運輸航空兵師（含民航機），其他若干偵察、高炮及地空導彈等部隊。

以上概為中共犯台時方面軍登陸作戰編組，及三軍重要部隊與武器裝備。

依據對登陸戰的統計研究，從西元前一一九四年希臘軍遠征特羅伯伊，到第一次世界大戰止，在全世界計有五十三次重要登陸作戰，只有兩次失敗。這兩次，是我國元朝東征日本，中途在海上遇到「神風」，無功而返，損失慘重（註釋③）。此為以前通信、偵察工具落伍，易於保持機密，發揮奇襲效果，登陸較易成功，晚近以來各種觀察、搜索儀器精密，敵軍動態大多能在掌控之內，但電子反制進步，直升機發展迅速，登陸作戰的艦岸運動趨向與空中機動突襲相配合，且直升機比率日漸加多，藉以增大登陸速度、減少損害，並達成奇襲效果，此亦共軍目前積極研發、改良及部隊演練上的重點。

■登陸作戰之程序

參與登陸作戰的人員、武器、裝備均十分龐大。尤其共軍一向主張「以大吃小、以眾殲寡」的人海戰術，海上作戰亦講究「人海、船海」戰術。中共中央軍委副主席張震，最近還聲明因共軍機動不足，目前仍需維持三百萬大軍，「以量代質」（註釋④）。故中共若發動對台登陸作戰，其龐大部隊的行動程

序，通常區分五個階段：（註釋⑤）

一、計畫準備階段：

自接獲「領導階層」之決心開始，到船團裝載之首日止，所有參加部隊都有納入「同時、平行、詳細」的計畫準備，此期間可能較長。以效率最高的美國部隊，一九五〇年的仁川登陸作戰，從麥克阿瑟宣佈決心到登陸實施為廿三天（註釋⑥）。而一九四四年的諾曼第登陸則長達兩年，許多鐵公路、港口及艦艇都重新建造，因其兵力太過龐大，又為多國聯軍之故。可見中共若登陸台海，仍須從長計議及準備。

二、裝載出發階段：

從登陸部隊及其裝備補給品，開始裝載於指定之船艦時起，到船團出發日止。裝載是一門高度技術之作業，通常各部隊在專業人員指導下進行有計畫的裝載。本階段通常時間較短，為保密奇襲之故。

三、預演佯動階段：

從裝載完畢可以出發，通常出發前進行預演，包含兵棋推演及實兵演練。或為造成敵人情報判斷之錯誤，從一地或數地「佯動」出發，同時進行預演。

待時機成熟，直接由「預演、佯動」狀態，轉換成正式出發的「真動」。戰爭通常是這樣「真真假假」，使你猜不透真意，待猜到了也來不及了。

四、海（水）上運動階段：

從正式出發命令開始，到船團進入目標區止，本階段為向目標前進，但初期可能多數官兵尚不知道真正目標在那裡，只有少數團級以上指揮官知道。

五、突擊上岸階段：

本階段從主力到達目標區，開始從大艦艇「換乘」到小艇上，並在水中爆破隊引導及海空火力掩護下，向岸邊守軍（國軍）發動一波波猛烈攻擊，直到奪取近岸目標，鞏固灘頭陣地，準備發動下一個陸上作戰為止。登陸戰最精彩、最能表現軍人視死如歸的精神就在本階段，共軍登陸作戰各階段示意圖如下：（註釋⑦）

■登陸作戰之實施

登陸作戰實施區分突擊前作戰、奪取海空權摧毀反登陸措施、突襲上陸鞏

共軍登陸作戰階段及泊地示意圖

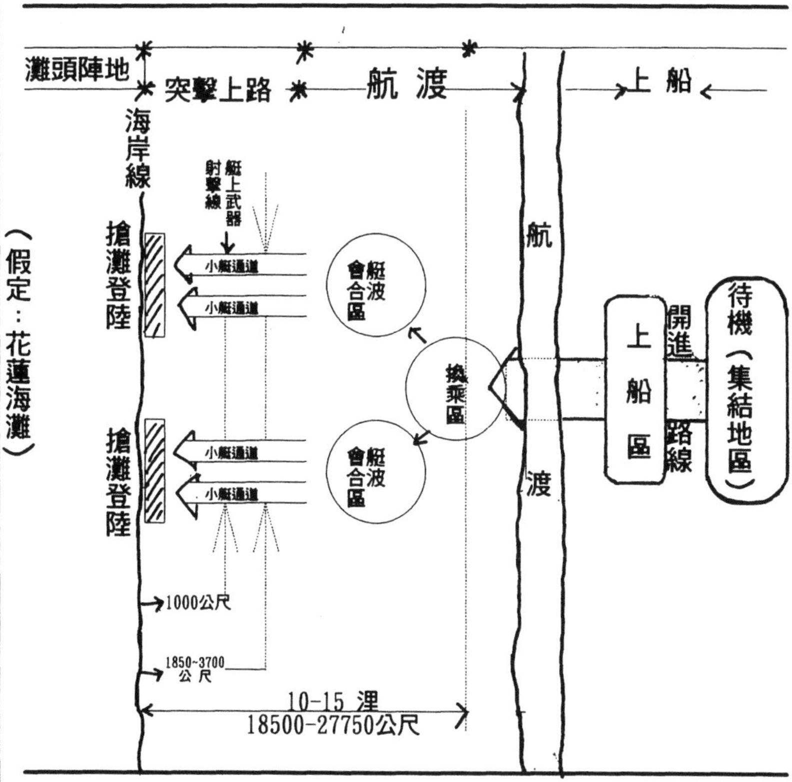

固灘頭陣地。

一、突擊前作戰：

區分欺敵作戰、先期作戰、先遣作戰三個不同階層分段進行之。第一是「欺敵作戰」，通常由發動登陸作戰的最高階層「國防部」實施，運用謀略、假情報、電子欺騙、假登陸等，以誤導敵軍。如諾曼第登陸前一年多，開始以假行動建造鐵公路、港灣，進行假登陸、偽通信，目的都在導誤敵軍，這個階段通常達數周到一年以上，而此時登陸部隊可能尚未完成，故由最高決策者統籌一切可用資源來做。

第二是「先期作戰」，由發動登陸作戰的指揮階層，如軍區或方面軍行之，國防部給予必要之協助，本階段運用滲透在台灣內部的敵後武力，進行分化、策反、破壞，或運用其海空軍進行「假轟炸」，並繼續削弱我軍戰力，爭取海軍優勢，此時登陸部隊可能已經編成，正實施任務訓練中，第三是「先遣作戰」，由登陸部隊本身行之。於主力未到達目標區前，先遣一部份兵力到達目標區，實施偵察、掃雷、水中破壞及攻擊岸上目標，方便登陸部隊主力到達後的突擊上陸。

二、掌握海空優勢：

登陸作戰海空必須掌握絕對優勢才易於成功，諾曼第登陸時，盟軍飛機是德軍的一五〇倍（註釋⑧）。海軍也居絕對優勢，才能遂行有史以來最大規模登陸作戰並獲致成功，共軍深明這個道理，故在南京軍區的「武力統一作戰基本計畫」中，光是設定「澎湖攻防戰」階段，即投入約三千架作戰飛機（註釋⑨）。**台海兩岸的海空戰力，我軍不能在「量」上比較，但須在戰術、戰略、火力及兵力上有「質」的優勢，才能在「反登陸作戰」中爭取「局部優勢」**，在諾曼第登陸前三星期，歐洲盟軍統帥艾森豪寫信給美國陸軍參謀總長馬歇爾說：

> 我軍已毫無疑問的準備完成了，他們已有良好的訓練，足可勝任，並急盼工作的開始和完成。瞻望將來的發展，我們自須尋覓各種方法，各種手段，使對敵人能保有極大優勢，此即制海權、制空權，包括空運部隊和裝甲部隊的物資各項（註釋⑩）。

台灣海峽比英吉利海峽寬出很多，且台海每年有將近三百天是「風險浪高」的日子。再者，一九四四年時德軍已是強弩之末，盟軍集當時全世界各大國之一切資源，尚且如此大費周章，中共想在未來台海戰役自始至終掌握「質與量」全部優勢，恐怕不容易。但在八十四、八十五這兩年中，共軍海空均較我為優，為我軍必須從他方面儘早謀求補救之處，否則在共軍海空優勢下，在登陸前作戰階段，我反登陸措施必將遭受嚴重破壞，最不利於緊接下個階段的反登陸「反擊」作戰。

三、突擊上陸：

經過長時間海上航渡，到達目標區海域，準備突擊上陸，共軍分成四個步驟進行：

㈠火力攻擊與掃雷：由海軍航空兵及艦砲對登陸海岸地區行二小時以上轟炸，摧毀灘岸障礙，並掩護掃雷破障及登陸兵換乘。

㈡展開：各型船艦（掃雷艦、火力支援艦、登陸艇）行戰術展開，到各突擊位置上（展開區即換乘區，參閱：共軍登陸作戰階段及泊地示意圖）。

㈢艇波編組：突擊部隊區分二個梯隊，接續突擊上路，每一梯隊又分成五個波次，這個編組幾乎像陸上作戰的「人海戰術」翻版。

第一波艇：水陸坦克為主，搭載水中爆破隊開道。

第二波艇：水陸裝甲運輸車，搭載灘岸障礙破除隊。

第三波艇：登陸艇編成，搭載突擊連上陸。

第四波艇：登陸艇編成，搭載突擊營火力隊。

第五波艇：登陸艇編成，搭載後方勤務部隊。

(四)搶灘上陸：各波艇依序向指定登陸點攻擊，敵我兵力密度差距頗大，換算成數據表示之，國軍反登陸每公尺約有半人防守（每人負責二公尺）；共軍每人負責不到一公尺，當然作戰並非「排隊比人多」，關鍵在主要方面形成優勢，但兵力劣勢總是不利。兩軍兵力密度如下表：（註釋⑪）

＊共軍與國軍登陸、反登陸兵力密度

單位／正面／區分	營	旅(團)	師
國軍正面	1.2—2.4公里（五〇〇人）	3—6公里（一五〇〇人）	6—12公里（九〇〇〇人）
共軍正面	0.5—1.0公里（八四〇人）	2—4公里（二七〇〇人）	6—10公里（一四六〇〇人）

當中共這「方面軍戰役第一梯隊」逐次上陸與我軍決戰時，其第二梯隊隨主要登陸方向上陸，負責攻佔島內縱深目標，佔領機場、港口，保障後續部隊與物質上陸。登陸作戰到此告一段落，進而轉換成陸上（即島內決戰）作戰。台灣反登陸作戰的指導原則為殲敵於「海上、水際、灘頭」，故主戰場應在海上到灘岸附近地區，若使主戰場發展到島內，戰事已不甚樂觀。

■決定登陸作戰成敗的三大因素

歷來決定登陸作戰成敗有三大因素，即天氣、地點、奇襲三者。尤其「登陸」必先越海、越洋或越水，天氣水文更顯重要。

一、選定可以登陸的天氣，時間與天氣：

登陸作戰並非選在好天氣，而是選一個「可以」登陸的天氣，即登陸日時的決定，軍事用語叫「D日H時」。諾曼第登陸時，盟軍集合了英美兩國氣象專家組成「氣象委員會」，每日早晚開會把分析資料送交指揮官研判。一九四四年六月四日晨，氣象委員報告「海峽風高雲低，波濤洶湧，最不利登陸」，登陸日再度從五日延到六月六日。五日晨三點三十分，氣象報告「狂風暴雨不停」，但暴風雨後有一段「短暫的平靜」，之後天氣再度會更惡化。艾森豪肩負千百萬人的生命，心情沉重不可想像，所以說是「最長的一日」。他終於下決心：六月六日晨二時攻擊行動開始，後世史家評艾氏為「把握天氣的機會之窗」（註釋⑫）。

而與此之同時，當時德軍氣象官報告：「五日及六日均將是暴風雨天氣，聯軍應不可能實施登陸作戰。」（註釋⑬）德軍此一誤判乃「確保」盟軍登陸之成功。故戰爭求勝並不在「萬全」之策，所謂「策萬全者無一全」，冒險才能成大功。台海每年十月到翌年三月雖東北季風強勁，海上航行困難，七到十月為颱風季節，這正是「攻其無備」的好時機。先總統　蔣公為闡揚此意義，在五十七年一月三十日（農曆正月初一）親筆寫出勉勵國軍幹部的四句話：「立不敗之地，策必勝之謀，存戒懼之心，行冒險之實」（註釋⑭）。登陸時間除配合天氣外，「政治時機」也很重要，例如選定重要節日慶典，或國家有重要活動，守土有責的軍人應對先人的智慧之言牢記在心，待機實踐之，並對「政治時機」有職業上的敏感。

二、登陸地點選定：

登陸地點選定要能有利於「打勝仗」，通常考慮地形障礙易於克服，遭受抵抗較小，地區天氣、潮汐及灘岸地形等。台灣四周較佳登陸地區，如北部淡水與基隆海灘，南部高雄到台南間海灘，東部花蓮及台東海岸，都要妥為規劃反登陸措施。

在一九五〇年聯軍在韓國仁川登陸，一般人都認為仁川為不適宜登陸地點，其高低潮水位相差太大（九——十二公尺），陸岸到水際有縱深八公尺泥沼，航道彎曲狹窄，船艦進出困難。當時所有高級將領包括參謀首長聯席會主席布萊德雷、第八軍團司令華克都反對仁川登陸。最後麥克阿瑟基於奇襲理由，仍堅持「九月十五日登陸仁川」（註釋⑮）。終能克服困難，創造奇績。

三、出「奇」制勝，創造奇襲：

前述仁川及諾曼第登陸作戰，都歸於奇襲制勝因素。到底如何創造奇襲？關鍵在使敵人都感到「意外」，包含時間與空間的意外，戰法與武器的意外，兵力與火力的意外，戰術與戰略的意外，甚至觀念理念上的意外，無一不能加以發揮。有人以為現在科技發達，各種視聽及偵搜器材進步，軍隊活動幾乎「陽光化」。其實未必，人的智慧無窮，想像力豐富，透過某種「反制」與「反反制」，同樣可使敵人成為「瞎子」、「聾子」。故台灣在反登陸過程當中，應透過情報搜索掌握先機，唯「先機」可制「奇襲」；兵力部署要靈活機動，唯「機動」可以迎戰奇襲。當然，最好使敵人變成瞎子、聾子，如此便不能發動奇襲，謂之「不戰而屈人之兵，善之善者也。」

■結語

本文論述中共武力犯台時，登陸作戰實施的全部過程，所有運用資料都是事實、史實及相關中共資訊、情報，透過現況事實來分析研究。本文雖論中共登台之戰，但從反登陸觀點贅數語為小結。

第一，海峽兩岸未來若有可能爆發武力衝突，必是中共主動，我為被動，但最後要收拾戰局的，光靠海空轟炸不能寫下「完美的句點」，一場登陸大戰在所難免，就台灣反登陸作戰而言，雖不能掌握「全部空優」，也必須掌握「局部空優」，加上強大而機動與縱深配合的陸上反登陸部隊，才能「嚇阻」一場登陸大戰的爆發。

第二、反登陸作戰成敗之關鍵在「水際灘頭」，在這裡必須一舉將登陸之敵殲滅，等到敵之主力上岸建立了堅強的灘頭陣地，局勢即將「難為」。但觀察台灣多數可能登陸之海岸，如花蓮、台東、基隆、台南等地，在戰場經營、工事阻絕、兵力機動路線等，已呈現「瓦解狀態」。或許因為都市開發，或人為破壞，早期建立的反登陸工事體系，早已不存在。但因應未來戰事之可能，必須預為經營，不能依恃敵之不來，危機就是從這裡出現，卻少有人察覺。

註釋

①本文有關共軍登陸作戰兵力編組，參考共軍編「登陸戰役」一書，方穗民主編，反登陸作戰，三軍大學陸軍學院，八十二年。

②實踐學社，「登陸作戰史之綜合觀察」，五十二年五月，頁一。

③蒙古東征日本在西元一二七四年間有兩次，兵力各三萬，另一次在一二八一年，兵力七萬，故共有三次東征日本，都因天氣因素未成。實踐學社，「登陸作戰史之綜合觀察」，五十二年五月。

④中國時報，八十三年十二月七日，第九版。

⑤各國在登陸作戰的程序上差別不大，概分本文中的五個程序。國防部，〈登陸作戰要綱——聯合兵種指揮釋要〉，下冊（八十年六月三十日），第六編，「登陸與反登陸作戰」。

⑥同⑤，頁六——一九七。

⑦「泊地」乃登陸作戰船團在目標區海面，距離敵岸砲威脅以外實施錨泊之

水域，做為換乘與突擊登陸最後準備。泊地大小視作戰規模與船艦多少而定。同⑤，第六篇。

⑧ 同⑤，頁六——一七五頁。

⑨ 中國時報，八十三年十月十五日。

⑩ 王鎮，〈偉大的登陸〉（台北：國防部印，五十七年十月卅一日），頁三四。

⑪ 參考①及⑤編成，國軍為現況概估，共軍兵力密度取百位數。

⑫ 中國時報，八十三年六月五日，第三十四版。

⑬ 新政見一著，賴德修譯，〈二次大戰各國戰爭指導史〉，下冊（台北：黎明文化事業公司，七十七年八月初版），頁五六二。

⑭ 同⑧，頁一。

⑮ 同⑤，頁六——一九七。

第三篇

結論——一九九五後的中國

《結論》

一九九五後的中國

本書大部內容在分析與評估一九九五年前後，中共可能武力犯台的各種相關問題，但作者最大期盼是兩岸如何超越這些敵視年代，邁向未來，為未來中國奠定第一步基礎。當然這也不是單從「中國」角度去思考的問題，從「台灣」角度去思考也是有利的，不致於世世代代為一個永遠無解的問題而兵禍循環，是故從現況展望未來，仍有待努力與突破。

■改善兩岸關係的途徑

一、在中共方面：

㈠解放軍確實具有犯台之危險性，但**只要不用「引燃物」——台獨，公然**

去點燃他，在現階段尚未有「立即的危險」。而未來的危險性，很明確的「與兩岸交流層次高低成反比」。

㈡從戰爭潛力看，中共不斷提昇將成為「區域霸權」，台灣又處「三北轉四海」後的敏感地帶，故**台灣必須設法成為「亞太集體安全體系」的一員**。

㈢共軍武器研發為因應未來的「海洋主義」，這個發展方向是正確的。可以轉變中國數千年保守的「大陸觀」，進而邁向積極進取的「海洋觀」，有助西方科學觀念的吸取，中共為迎接這個新時代，國防工業正加速「軍轉民」；而台灣在這方面的「民營化」成效欠彰，**必須加速將國防工業轉由民間經營**，這就是孫中山先生七十年前主張的**「國防與民生合一」**。

㈣總戰力比方面，中共明顯居優勢，但光靠總戰力優並不能成為決勝條件，**另有兩個更重要的決勝因素，一個是台海特有的因素——三軍足夠的輸力；另一個是戰爭決心，即無形戰力**。

㈤共軍最近的「東海四號」當然對我們不懷好意，但這個行為之目的在對台灣「可能傾向獨立」示警，但用這種方式示警容易適得其反。**在未來可能的「軍事交流」上，應經由談判建立適宜的「示警管道」**。

㈥從能力的評估來看，目前共軍無力發動一場成功的「第三波」渡海作戰，但若時機「引爆」，共軍依然會排除一切政經因素牽制，對台海進行封鎖，乃至全面進犯台灣，一場大登陸與反登陸戰可能在所難免。

二、在台灣方面：

㈠**政治改革要和緩漸進，這是國家發展比較安全的模式**。在台灣「突變」與「革命」已不可取，國家已渡過了革命階段，社會已無革命條件，革命帶來全面崩潰，突變帶來社會動亂，故台灣今天要「安定中求生存，生存中求發展」，和緩漸進才能降低「危險性」。

㈡**不要讓惡質政爭啃噬國家元氣**，當政治秩序失控「帶動」社會秩序也失控時，國家社會元氣逐漸被啃噬，於是人才走了，中產階級失望而移民，此時也正好是中共統一台灣的時刻，所以執政的國民黨在黨務與政治改革上，若不能展現改革決心，成為清廉有為的政黨，更成為定位與目標明確的執政黨，無異也為社會亂源投入更多變數。朝野各黨派要把眼光放遠，心胸放開，勿為反對而反對。

㈢**民進黨的「台獨黨綱」應儘早修訂放棄**，經多次大選都已實證不被多數民意支持，對內而言台獨意識與言論行為是造成族群衝突最大的「火種」，也是造成社會動亂最大變數·，對外而言是招來中共武力犯台的「引爆點」，內外環境利弊明確，民進黨及其支持者應冷靜觀察情勢，做出「良心的決定」。

英美民主政治與政黨政治之推行，能造就國家富強，就是各黨派團體都能在體制內，相關法令規章下競爭，如此社會之資源、經驗與智慧將逐年提升增加，而非相互抵消，逐年遞減。

■放棄僵化意識形態與革命路線

未來兩岸要逐次放棄意識形態之爭，放棄對革命的盲目崇拜，若不能立即放棄應先求節制。

一、放棄意識形態之爭：

人類信仰各種主義，古今中外都有，西方從早期的互不相容，發展到現在尊重政治信仰自由，中國至今則仍處於「意底牢結」(Ideology)階段，走不出思想枷鎖的控制，發展不出較大的政治信仰自由空間，這是造成世代對立的「前世因緣」，大陸尤其嚴重，蓋不論三民主義或共產主義，當思想家被「神格化」或「絕對化」後，所有的墮落、腐敗、僵化就開始了，而當思想家的學說內容被政權「定於一」尊後，群眾盲目服膺，也造成民族創造力與政治思想的消沉，共產主義在全世界之所以被人類「終結」，在大陸也已式微，都因人們不斷想將思想家神化，把學說「意底牢結」化。

兩岸似乎都察覺到這個錯誤的方向，正在修正中，雖無法立即放棄，如中國大陸已將意識形態當成支持政權不倒的基本框架，但可加以節制，逐漸淡化，以利於改革開放政策的推行。

二、放棄對革命的盲目崇拜：

中國近代史至今充滿著對革命的盲目崇拜(Fetishism of revolution)熱情，中國現代化之所以困境重重，就在大家都認為「革命尚未成功」，故理性而有系統的建設便甚難推動，革命本質原是一種對國家社會的破壞，現代化的理論家余英時先生在他的研究論文中說：

盲目崇拜革命的心態，對現代化構成的威脅遠超過革命的本身，盲目崇拜革命的人除了革命的神聖使命（不論想像或真實），不知道生命還有其他的意義（註釋①）。

大陸走了四十年「共產主義革命路線」，發現此路不通，進而走向「中國式社會主義」及「社會主義市場經濟」，但對毛澤東的革命路線依然堅持，近年召開的福建省統戰部長會議還宣言：

我們的黨是用馬克斯列寧主義、毛澤東思想武裝起來的，富有革命創造精神，堅持獨立自主，自立更生的黨，有一條適合中國國情的「一個中心，兩個基本點」的基本路線，有實現社會主義現代化建設「三步走」的戰略目標，有建設有中國特色社會主義的十二條原則（註釋②）。

而在台灣呢？執政黨的革命體質近年頗多爭論，不過近來「革命性」似乎減少（或喪失）許多，可惜現代政黨的民主體質尚待建立，才能在台灣各黨派中引導良性競爭的示範作用，比較讓人擔心的是在野的民進黨，經常在選舉時搬出「革命、變天」論。所謂「革命、變天」，有其特別的「時代」與「需要」，例如「法國大革命」、中國的「國民革命」都是。但今天的台灣社會，已在「後冷戰時代」的架構中，走入資訊時代，由「知識、科技與中產階級」引領時代主流，在這樣的時代「革命、變天」完全沒有「市場」。

作者以為，兩岸數十年來都以「意識形態」和「革命熱情」哺育他的人民，那是「階段性」和「時代性」的需要。但現在已經過了那個時代，不再需要。就算一時放棄不了，也應先節制，再逐步放棄。

■堅持和平統一原則，加速兩岸交流

一、堅持和平原則解決統一問題：

每個時代可能用着不同方式解決問題，和平原則最佳。時代已向二十一世紀逼近，而二十世紀中葉國共兩黨一場場血流成河的大戰，屍骨滿山的場景依然鮮活，可悲的是四十多年後的今天，中共依然有著準備進行一場海上大決戰的計劃，似乎尚未接受「和平的智慧」。「大決戰」一書的作者江深和陳道濶二位，深入報導「徐蚌會戰」（中共稱之淮海之戰）後，在序文中說：

戰爭是殘酷的，淮海之戰決定了其後四十年的中國命運，也決定了戰敗的一方必須承受流離、蛻變、重生的時代苦果：然而，撥落了歷史的迷霧，揭開了戰場的真相，人們畢竟可以發現：戰爭解決不了中國人的問題，也決定不了中國人的方向（註釋③）。

中國人經歷連續一百多年戰火洗禮，無數人祖孫三代都在顛沛流離中過活，「和平」應是最後要悟出的「道」，誠然是戰爭解決不了中國人的問題，決定不了中國人的方向，台灣人民對和平原則已普遍有了體認和共識，在八十三年七月發佈「海峽兩岸關係說明書」，明確宣示「追求中國統一之目標」，及處理兩岸關係四原則：理性、和平、對等、互惠（註釋④）。這是完全以和平為基礎的統一進程，絲毫沒有血腥和勉強，而中共至今仍停留在「外國勢力干涉」、「台獨勢力」及「不放棄武力解決」的層面上，顯然和平的「誠意」不夠，對和平的「堅持」也不足。

二、在現有基礎上加速兩岸交流：

觀察兩岸多年交流有關統計數字，可用「數據龐大，成效卓著」來形容，光是兩岸各類學術討論會，七十九年到八十一年就有一六七場，（註釋⑤）但分析內容則顯得層次不高，重要議題上提昇不多，是故兩岸交流要從兩個層次來加速。

㈠**加速交流**：必須能夠「確保不走回頭路」的基礎上，積極加速交流。如法律、醫學、科技、語文、電影、經貿合作、航運、中山學術等，並設法提昇交流層次，如政府機關、軍事交流等。

㈡**擴大交集**：光是交流，若無「交集」，共識也是難以建立。目前須要擴大交集的除現有經貿文教外，政治、法律、航運、軍事都極須有交集。

人類一切政經文教上的交流，原本就是為了消弭武力「交流」，獲取和平的好辦法。今天台海兩岸也唯有加速交流，擴大交集，才能突破目前的「零和狀態」，展現和平統一之契機。

■邁向高層對話，展開軍事交流

目前兩岸交流最難突破、超越的有兩方面問題，即軍事與政治上的高層對話，一方面是彼岸太過僵化沒有彈性，對統一的理念及信任不夠也是問題，單方面期望都不足以成事，但必須「創機造機」尋求突破，這應是兩岸已有的「共識」。

一、儘早邁向兩岸高層「對話」階段：

兩岸高層對話目前止於「言語」，並未落實到「行為實踐」上。在八十三年十月十一日，江澤民會見台灣工商團體時表示，「如果兩岸領導人有機會可以見面，並不避諱，這將有助於化解兩岸許多誤會。」（註釋⑥）事隔一個多月，江澤民重申有關高層談話的意見：

「只要地點不是在國際場合，中共願意和台灣舉行高階層的統一會談……高階層會談對中國的和平統一有助益…這是中國人民自己的事，應該經由外交途徑來安排。」（註釋⑦）

若據此觀察，中共對兩岸領導人會談的唯一條件只有「不在國際場合」，由中國人自己來辦理自己的事。依作者之見，這是一個可以接受的條件，應先接受對方所提意見，其他枝節或問題可以另議。但到目前為止（八十三年十二月廿五日），兩岸決策階層並未有進一步行為實踐。所謂「國際」與「非國際」，有很大彈性空間，不論在何處舉行「高層會議」，必有大群「國際記者」採訪，故國際與非國際場合其實不必有太明顯界線。

二、突破軍事交流的黑盒子：

軍事上的問題一方面是要針對數十年前的武力衝突，結束目前的「備戰狀態」。幾十年前的戰爭狀態雖然解除，但並未正式簽個「條約」之類的形式文書，這些或許言之過早，但不能不當成一個目標，儘早促成兩岸目前備戰狀態的結束，這就為和平跨出一大步。

軍事上前瞻未來的另一個問題，是双方儘早打開「軍事黑盒子」，雖不能一蹴而成，可以一步步來做，參考韓、德等國實例，可以從軍事學術、戰史等方面開始交流，進而兩岸互派「軍事觀察員」，負責觀察（監督）双方重大軍事演習或部隊調動。並可成為正式溝通、傳達訊息或示警之管道。這些都似乎還遙遠的很，總要有起步的一天。只要双方願意啟動第一步，就有完成目標的一天。

■明天要更好

書寫到這裡，已近尾聲，而正在這個時候，俄羅斯武裝部隊正在空襲車臣首府格洛茲尼，民眾爭相逃命，死屍滿地，而西方國家異口同聲是俄羅斯內政，不予干預，車臣與俄羅斯同樣具有「共和國」地位，尚且如此，反觀台灣和大陸的法律定位，一是「國」，一是「省」，台獨之路不通，深值大家警惕。

大陸必須放棄武力統一中國的想法，而台灣民眾不能因大小懸殊產生投降主義或失敗逃難心態，「一九九五閏八月一書」所說：「大陸絕大多數人民都渴望解放台灣，接收台灣同胞財富」，人民幾乎壓倒性支持中共政權解放台灣（註釋⑧）。這個說法與事實不合。一個在中國大陸土生土長的學者，曾任「中國民聯」主席胡平先生，他在「給我一個支點」書中說：「廣大的大陸同胞對台灣並沒有什麼敵意，一般同胞並不贊成發動一場對台灣的戰爭。」（註釋⑨）胡平生長在大陸，他對「環境」的瞭解，來自「田野調查」與「現地觀察」的準確性，作者相信他的觀點具有客觀的「公信力」。再者，我們身邊的許多人都去過大陸訪友探親或旅遊，未聞有「大陸同胞都支持解放台灣」的說詞。

如果明天要更好，還是那句早已聽煩的老話：

「團結自強」。

註釋

① 余英時，「對革命的盲目崇拜——廿世紀中國現代化的障礙」，中國時報，八十三年六月二十六日，第十版。

② 「袁啟彤在福建省統戰部長會議講話」，中國大陸研究，第三十七卷，第四期，八十三年四月，頁八六—九一。

③ 江深、陳道闊，〈大決戰〉（台北：風雲時代出版公司，一九九一年三月初版），序言。

④ 「台海兩岸關係說明書」，中央日報，八十三年七月六日。

⑤ 王章陵，大陸文化思潮（台北：行政院大陸委員會，八十二年四月），頁七〇九—七五一。

⑥ 中國時報，八十三年十月十二日，第一版。

⑦ 中國時報，八十三年十一月十九日，第九版。

⑧ 鄭浪平，（一九九五閏八月）（台北：商周文化事業有限公司，八十三年

八月一日初版），頁一二四。

⑨ 胡平，〈給我一個支點〉（台北：聯經出版公司，七十七年十二月初版），二九二頁。

跋記

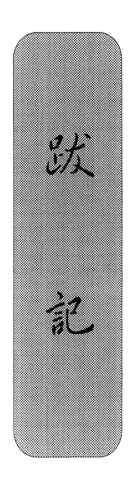

跋記

陳福成

本書重要章節大致完成於八十三年年底到八十四年元月間，直到書要出版時，中間隔了大約四個月，這之間海峽兩岸在「武力」方面有甚麼「活動」呢？

首先在中共方面，年初時，「中國航空技術進出口公司」副總經理李紹緒，證實該公司與俄羅斯、巴基斯坦及某西方國家正積極研發「超七」戰機，預定本世紀末可服役，以色列協助中共研製「殲十」戰機，並加強軍事合作及技術轉移，「亞太二號」爆炸，釀成廿九人死傷，再次成為各國緊張與注目的是軍費，一九九五年為六百五十七億，比去年增長兩成，這是中共連續七年軍費以兩位數字比例增長，中共向俄羅斯新購K級潛艦，已於二月間交貨，運經台灣海峽，國軍嚴密監視，未採取任何行動，這批交易的K級潛艦有四艘，兩艘是「八七七EKM型」，兩艘是新式的「六三六型」，該潛艦可以時速三浬（三節）慢速靜音前進，靜肅程度很高，增加偵測困難，受到很多西方國家海軍專家肯定。

台灣方面又如何呢?IDF戰機、飛機巡防艦、遠洋掃雷艦(MSO)、M60A3主戰車都相繼成軍,整體國防預算比去年小幅成長一百億元。

兩岸這些國防軍事上的活動,對現在及可預見的未來(至少在西元二千年),到底顯示出怎樣的意義呢?作者以為應有下列各端:

一、中共不顧各國的關切,一意擴張軍備以成為國際強權,已是勢在必行,所以中共擴張軍備雖非完全對付台灣,但武力犯台的軍力又增長一分,尤其中共購買潛艇,最大的用意就是為了封鎖台灣。

二、我國為了確保國家安全,維護人民生命財產,必須擁有一支強大的國防武力,是故也要不斷加強軍備。能自己研發的就研發,能生產的就生產,能向外購買的就向外購買,「安全」自古以來就是人們第一個需求,傻瓜也會這樣做。

三、海峽兩岸經貿文教上的交流,已經非常頻繁,但三、五年內,似無助於解開這個政治與軍事的「緊箍扣」,未來兩岸經貿文教持續增長,大陸不斷對我政治封殺,台灣則繼續尋求政治突破外,必須保持一支可以對峙或阻止入侵的武力。若長期對峙僵持下去對兩岸都不利，何謂「不利」？卽「非離卽合」，離的結果是台獨，合的結果是中共以武力統一，兩者都要引爆戰爭。

為甚麼兩岸政治、軍事難解呢？關鍵在信任感的問題，中共怕台獨，台灣有安全顧慮，而解題的關鍵主角何在？就在中共，蓋海峽兩岸一大一小成顯明對比，我處於「以小事大」狀態，大者當然應先表示善意，使小者沒有安全顧慮，其他都好談。這樣簡單的道理，中共高層人才如雲，却無人想通，縱使有人想到也不願放手去做，也顯得氣度不夠。

不管中共善意也罷，惡意也罷，兩岸政治如何談判，經貿文教如何交流，就中華民國而言，保持一支強大的軍事武力是絕對必須的，而且在可預判的未來也不會改變。其目的在防止中共有機可乘，確保台澎地區安全。（東西德在統一之前，雙方依然保有強大軍力，任何一方都未因統一的逐日接近而大幅裁減軍備。）所以保持強大軍備的另一作用，是在確保依政治談判的約定可以逐次實踐，避免中途生變，最後達到統一的目標。

台澎防衛是中國統一前最重要的課題，作者此刻正積極研究中，相信一九九五年內可以與國人見面，並就教於讀者（尤其國軍及領導階層），以利台澎防衛及中國之統一。

參考書目

一、專書

1 中共中央馬恩列斯著作,編譯局編,〈馬克斯恩格斯選集〉第二——四卷。北京:人民出版社,一九七二年五月,第一版。

2 新華書店,〈毛澤東選集〉二——四卷,北京:人民出版社,一九七一年四月。

3 蕭公權,〈中國政治想史〉上册,台北:中國文化大學出版部,民國七十四年七月新三版。

4 中共辭彙編輯委員會,〈中共辭彙〉,台北:中國出版公司,民國七十五年十一月。

5 季辛吉(Henry A.kissinger),〈核子武器與外交政策〉,胡國材譯,台北:黎明文化事業公司,七十三年六月。

6 奈思比、奧伯汀(John Naisbitt and Patricia Aburdene),〈2000年大趨勢〉(Megarends 2000),尹萍譯,第一版,台北:天下文化出版公司,一九九三年十二月三十日。

7 胡平，〈給我一個支點〉，台北：聯經出版公司，七十七年十二月初版。
8 鄭浪平，〈一九九五閏八月〉，台北：商周文化事業公司，八十三年八月一日初版。
9 江炳倫，〈挑戰與回應〉，（出版地不明）：自由基金會，八十二年五月初版。
10 王章陵，〈大陸文化思潮〉，台北：行政院大陸委員會，八十二年四月。
11 新政見一，〈二次大戰各國戰爭指導史〉，賴德修譯，上下冊，台北：黎明文化事業公司，七十七年八月初版。
12 江深、陳道闊，〈大決戰〉上冊，台北：風雲時代出版公司，一九九一年三月初版。
13 彭懷恩，〈透視海島攻防〉，台北：風雲理論壇社，七十三年十二月二十五日初版。
14 狄縱横，〈透視台海戰史〉，台北：群倫出版社，七十四年七月二十五日。
15 托佛勒、海蒂（Alvin and Heidi Toffler），〈新戰爭論〉（War and Anti-War），傅凌譯，第一版，台北：一九九四年元月十五日。

16 聯合報編輯部，〈天安門一九八九年〉，台北：聯經出版公司，七十八年八月初版。
17 國防部國防報告書編纂小組，〈中華民國八十二——八十三年國防報告書〉，台北：黎明文化事業公司，八十三年三月。
18 國防部，〈波灣戰爭心理研究叢書〉，台北：國防部，八十二年四月再版。
19 實踐學社印，〈登陸作戰史之綜合觀察〉，五十二年五月。
20 實踐學社印，〈戰史例證登陸作戰原則之研究〉，五十二年四月。
21 國防部，〈偉大的登陸〉，台北：國防部，五十七年十月卅一日。
22 曾清貴，〈軍事天才論〉，台北：黎明文化事業公司，六十四年四月。
23 國防部，〈陸軍作戰要綱——聯合兵種指揮釋要〉，下冊，台北：國防部，八十年六月三十日。
24 徐瑜，〈孫子兵法〉，台北：時報文化出版公司，七十六年元月十五日。
25 王克儉，〈列寧主義析論〉，台北：黎明文化出版公司，七十三年五月。

二、期刊論文與專文

1 陳福成，「中共武力犯台析論——兼評一九九五閏八月」，陸軍學術月刊，第三五二期。八十三年十二月十六日。頁四——十三。

2 陳福成，「戰爭與和平理念之體認」，陸軍學術月刊，第三四一期。八十三年一月十六日。頁十七——二〇。

3 陳福成，「對常與變戰爭理念之體認」，陸軍學術月刊，第三三六期。八十二年八月十六日，頁十九——二十四。

4 吳朝暐，「共軍飛彈作戰概述」，陸軍學術月刊，第三三二期。八十一年六月十六日，頁十六——二一。

5 裘尚明，「對中共地對地彈道飛彈之我見」，陸軍學術月刊，八十一年十月十六日，頁四十——四八。

6 李仲誼，「中共擴展軍備生產」，陸軍學術月刊，第三二八期。八十一年十二月十六日。頁七四——八六。

7 陸軍學術月刊，波斯灣戰爭專輯。八十年五月十六日。
8 宋曉剛，「亞太地區安全」，國防譯粹月刊，第十九卷，第七期。八十一年七月一日。頁十八——二三。
9 陳健良，「亞洲地區潛艦部隊」，國防譯粹月刊，第十九卷，第九期。八十一年九月一日。頁四九——五六。
10 吳明上，「戰略國境——中共擴張政策之意圖」，國防譯粹月刊，第二十卷，第三期。八十二年三月一日。頁三九——四六。
11 劉蜀台，「對21世紀前期中共海軍戰略之研究」，國防雜誌，第八卷，第十一期。八十二年五月八日。自十六——二七。
12 陳立文，「氣墊船在後勤上之運用」，國防雜誌，第八卷，第七期。八十二年元月一日。頁七一——八一。
13 樊有謙，「中共發展航母之戰略涵義及對台海防衛之影響」，國防雜誌，第八卷，第十期。八十二年四月五日。頁三三——四二。
14 王聖聰，「中共民兵與預備役相結合之研究」，國防雜誌，第八卷，第五期。八十一年十一月十二日。頁六八——七四。

15 蕭一俊，「中共武力犯台研究」，第八卷，第三期。八十一年九月三日。頁三二——三八。
16 楊世才，「中共海權擴張的探討」，第八卷，第六期。八十一年十二月十日。頁二六——三一。
17 丁樹範，「市場化趨勢下的大陸國防工業」，中國大陸研究，第三十七卷，第六期。八十三年六月。頁十九——二九。
18 張麟徵，「分離主義的內省與外觀」，問題與研究月刊，第三十三卷，第十期。八十三年十月。頁一——一二。
19 張念鎮，「對中共建設有中國特色的社會主義問題之評估」，復興崗論文集，第七期。七十四年四月廿五日。頁一三三——一四八。
20 李啟明，「中共尋求美國軍事合作的戰略企圖」，國魂，五八八期。八十三年十一月一日。頁六六——六八。
21 彭堅汶，「開創前瞻，順應潮流」，同註20，頁七七—八〇。
22 資訊要報，國防部編，第八十八期。八十二年三月十日。
23 資訊要報，國防部編，第九十期。八十二年五月十日。

24 王蜀翔，「長征系列發射載具」，全球防衛雜誌，第一〇八期。一九九三年八月一日。頁九四——一〇一。

25 鄭繼文，「中共火砲新銳」，全球防衛雜誌，第九九期。一九九二年十一月一日。頁九四——一〇四。

26 劉文孝，「成都飛機製造廠」，全球防衛雜誌，第九五期。一九九二年七月一日。頁一一——二〇。

27 戴崇倫，「中共海軍——潛艇篇」，第九三期。一九九二年五月一日。二八——三七。

28 林全山，「成都殲七」，同註27。頁五三——六一。

三、報紙專文

1 時代周刊專題報導，「中共擴張軍備，亞太國家忐忑」，中國時報。八十二年四月二十五日，第十一版。

2 中共「台灣白皮書」，聯合報。八十二年九月一日，第九版。

3 余英時，「對革命的盲目崇拜——廿世紀中國現代化的障礙」，中國時報。八十三年六月二十六日，第十版。

4 「臺灣兩岸關係說明書」，八十三年七月六日。

5 林中斌，「台海風雲與台灣生機」，中國時報。八十三年十月二十日，第十一版。

6 中國時報，八十二年四月到八十三年十二月，相關新聞報導。

7 聯合報、中時晚報、自由時報，八十三年九——十二月有關報導。

附錄

狼來了？

——「一九九五閏八月」已成台灣的夢魘？

〈附錄〉

狼來了!?
——「一九九五閏八月」已成台灣的夢魘?

(取材自「風雲雜誌」,作者李柏泉)

近年來,兩岸交流較頻繁,雙方關係亦較緩和。但中共仍不斷擴充軍備,加強演練;自一九九二~一九九三年短短二年間,實施了近二十次軍事演習。

今年二至五月,大陸東南沿海之廣州、南京軍區,實施多次大規模軍事演習。九月下旬東山島的「東海四號」演習,更是十七年來距台最近、參演兵力最多的三軍聯合作戰演習。

如此頻繁的的軍事演習,令人不免產生強敵壓境之感。

今年八月,一本名為《一九九五閏八月——中共武力犯台世紀大預言》的新書問世,短短二個月間大銷五萬多冊。書中大膽預言,中共為完成主權統一的歷史使命,已作好攻台軍事準備;自明年秋天起,到台灣總統直選投票日,將發動閃電突襲，使台灣一夕變色。

事實上，經由數年頻繁互動，原已較趨緩和的兩岸關係，在李總統渡假外交，千島湖事件，李總統與司馬遼太郎對話，廣島亞運事件，及我方積極活動重返聯合國等的激盪下，中共方面近來頻頻喊話，態度不甚友好。

■此書一出，掀起波瀾

際此兩岸關係風雲詭譎的當口，該書的大膽預言，立即造成極大震撼，更成為各界熱烈關注、探討的話題。

有人對此斥為無稽，懷疑作者如此「恫嚇」國人的「居心」；有人則頗表認同，例如中華經濟研究院院長于宗先就說：「寧可信其有，以培養憂患意識，未雨綢繆；不可信其無，以免當真發生什麼而措手不及。」

海基會一位高級主管，以其經年參與兩岸事務的經驗指出：「中共對台動武，理論上確實可能。客觀分析起來，對方不但有能力，有需要，也有誘因。」

民進黨中央政策研究中心一位卸任黨工則以為，對中共動向的研判，不能以台灣的思攷邏輯為準；無論是否主張獨立，都得正視中共可能武力犯台的事實。

據了解，國軍內部亦興起討論該書的熱潮，政戰系統正對官兵加強心理建設，軍令系統則已下達加強戰備的施令。

「社會的正面反應，遠超過我的預期，」原以為會招來「妖言惑眾」罵名的作者鄭浪平表示，「初始我也不太相信會有『變天之日』，冀望高明人士能提出反證。可惜至今不但沒有，經多方徵詢、請益，他們竟比我還悲觀。」

自一九五八年金門戰役以來，台海會否再啟戰端，一直有不同的論點。

■大行其道有理由

該書亦引用基督教靈恩派領袖所稱的「異象」，與中國古預言，使得書中有股「歷史巨變前總會有不祥之兆」的神秘氣氛，加上中共不尋常的軍事行動，淡大國際事務與戰略研究所所長林郁方認為，在兩岸長期對峙，局勢撲朔迷離，人們渴盼預知未來的心態下，此書自有大行其道的理由。

林郁方並指出，近年來台灣軍人地位大不如前，引起軍方強烈不滿和危機感；該書鼓吹重視國防的觀點，正好代為發抒軍人心中累積的抑鬱。

該書問世前，許多人相信，依中共高層歷來宣示的對台政策，除非台灣宣布獨立、內部發生動亂，或國際勢力意圖奪取台灣，否則不會發動對台戰爭。然而該書以「逆向操作」破除這些思攷藩籬，其基本論點為：

1.台灣在外交上積極參與國際組織、事務，內政上推動憲政、總統直選，具有形無形化「台獨」走向。中共在此「壓力」下，各地軍頭反彈劇烈，求戰意識高漲。

2.鄧小平一則肩負歷史使命，一則為鞏固其身後接班人權力，發動民族統一戰爭，是可行作法。

■大量投注，積極備戰

3.在東、西冷戰結束，全球醞釀削減軍備潮流下，中共近五年國防預算不斷攀升，今年即佔總預算四十八%；不僅超乎常情，且因此造成預算排擠效果，對經改極為不利。中共應不可能長期負擔如此高額軍費，共軍也無法長期處于緊繃狀態，近期有攻台之舉，遂大有可能。

4.台灣國防預算遽降，新式戰機、二代艦等先進國防科技配備未完成換補，造成二、三年戰力空隙。如此軍民已漸失警覺心，政治亂象頻仍，經濟發展遇到瓶頸；相對于中共經濟力、軍事力、國際影響力如日中天，予中共謀台好機會。

5.歷史上中國無論分裂原因為何、時間多長，也不管分裂政府與人民的意願，強勢一方都會在內部較穩定後，發動統一戰爭。中共顯已完成內部整合，只待進行下一階段的民族整合。

6.中共欲成為二十一世紀海洋大國，必須控有台灣，作為進出太平洋、俯視東南亞，並切斷日本南進威脅的地緣戰略基地。

作者以為，中共選定台灣總統直選日，以閃電突襲戰術攻台，其步驟可能包括：前一、兩年發射人造衛星，監視台灣軍事動向；調動海空軍移防東南、南方沿岸軍區；提前完成福建、廣東、浙江機場闢建；人員滲透；提前接收香港；三軍部隊大量移防東南各省軍區；海軍艦隊穿越台海，佯稱巡弋南海；香港啟德機場爆炸，廣東、福建機場因意外事件關閉，導致各國航機迫降台灣……。

■內外條件充分配合，實殊屬不易

作者預測中共動向外，對台灣內部的充分條件則設定為，因總統直選引發動亂，政治中心遭中共滲透人員控制；電台、通訊中心、機場、港口被不明人士接收；軍令系統遭脅迫，下令軍隊停止抵抗……。

上述種種情況充分「配合」後，作者預言台灣失守，中共「統一」台灣。此說自也有很多人不以為然。

近年來有關鄧小平健康不佳、不久人世的傳言甚囂塵上，但一般仍相信，鄧對中南海領導班子仍有一定影響力，特別是持續經改方面，「鄧路線」仍是中共精神標竿。

林郁方認為，鄧小平搞活大陸經濟，在中國歷史上已奠定不可磨滅的地位。「對垂暮之年的鄧小平來說，民族統一未必是迫切待解的問題；倒是經改遇到的種種難題，使他必須全力面對，以確保經改成果。」

國家政策研究中心軍事研究員蘇進強也認為，書中對中共武力犯台架構的分析，忽略了近年來大陸改革開放，也使開明、理性的思潮興起，共軍不見得會孤注一擲。

■共軍思想也漸開明、進步

他以與大陸戰略專家交流的經驗指出，一九七九年越共侵入柬埔寨邊境，中共不顧蘇俄重兵環伺，執意發動「懲戒戰爭」，當時中共表面宣稱達成目標，卻也損失近三十萬兵力，最後只有自找台階撤兵。

「此事曾在中共內部引發激烈爭辯，『戰爭並非展現國力唯一途徑』的想法因此擴散。一九八五年以後，中共國防研究趨勢也漸揚棄『人民戰爭』路線，轉為透過局部、有限戰爭模式，擴大政治效應的戰略思想。亦即『以戰逼和』，以小規模軍事行動迫使對方政治上讓步。」

蘇進強以為，中共自毛澤東死後趨于集體領導，表面上鄧小平定于一尊，實則因利益、路線不同，仍須與各派系、軍頭妥協。因此中共內部存在一種微妙的權力生態平衡機制，欲有大動作不是那麼容易。

鄧小平死後，習于窮兵黷武的軍頭，可能趁機倡議對外戰爭，以解內部矛盾；但另一派領導人也可能基於經改受挫、軍頭勢力坐大等考量，而從中作梗。

「對中共本質的認知，不能以台灣的價值觀來衡量；也不宜再用幾十年前無理性的『土匪』印象視之。」蘇進強強調。

林郁方認為，台灣其實已幾近「獨立」狀態，中共也已體認此事實；只要台灣不公開宣布脫離中國，嚴重刺激中共，中共應不致貿然對台動武。

但是，中共大張旗鼓擴充軍備、實施演習也是事實，難免令人生疑。

■武器兵員多，不表示戰力強

中共現人民解放軍、武裝警察、民兵預備部隊等，總兵力約四百五十萬人。

去年出版的《國防白皮書》指出，現階段中共戰備第一優先順序為東南沿海，其次是南海、中印邊境。今年九月初，中共總書記江澤民與俄羅斯簽訂戰略飛彈互不瞄準對方的友好協議，此舉不但紓解中共防俄壓力，也有較多餘裕應付東南沿海及南海的戰略需求。

林郁方對中共的實際戰力持保留態度，且認為鄭浪平書中引用的中共軍力數據「有誇大之嫌」。他指出，以跨海作戰所需艦艇為例，中共雖號稱擁有百艘潛艇，事實上只有四十七艘的作戰能力獲得國際肯定，其他皆被歸類為Non-operational submarine（無法操作的老舊潛艇）；「大型水面作戰艦艇約只六十艘，其餘則是無法肆應跨海作戰需求的小型或海岸巡邏艦艇。」

林郁方強調：「衡量軍力，須質量並重；武器性能會影響作戰能力，而作戰能力則影響發動戰爭的意願。」

蘇進強也質疑中共軍事現代化的效果，「只在武器上不斷更新，人員素質未見提升，不可能有具體效果。」他並分析：

1. 軍事現代化的意涵，除指武器更新，教育訓練上極重要。中共兵員素質在國際間的評價不高。

2. 任何國家擴大軍費支出後，須透過演習來驗收成果。

3. 中共實施的軍事演習均非全國性，而是重點軍區下的重點集團軍操練。

其間也隱含了在權力生態平衡原則下，各軍區演習有「比武」競賽意味，表現較佳者可向中央要求更多軍費。

4.不唯沿海軍區實施演習，內陸軍區如北京、瀋陽、蘭州等地，也實施演習；北京軍區負責鞏固首都，瀋陽軍區駐守中蘇邊境。由於內陸與沿海軍區，在地形、任務、編裝特性、訓練重點上皆不同，要調動北方部隊南下，有事實上的困難。

■熱中經商，不再好戰？

「近年來共軍從商風氣鼎盛，近三分之二的兵工廠陸續投入民生工業，」蘇進強說，他對共軍求戰意識高漲之說很懷疑。

林郁方亦指出，書中所謂中共國防預算佔政府總預算四十八%的說法，亦不無可議處。中共宣布的國防預算為九・五%，外界另自行加上可能的隱藏預算，與共軍出售軍火、經商的盈餘。其實共軍收入一部分須繳庫，另一部分則用來改善軍人待遇，或擴大軍方工廠規模，並未都花在加強軍備上，中央的負擔也不那麼重。

對於書中所述中共發動「外科手術式」戰術，穿過戰線，直取政治中心、控制全台……，林郁方尤認為「不可思議」。

「以波灣戰爭聯軍對伊拉克實施攻擊為例，此種戰術係針對敵方重大設施，指揮、管制、通信、情報系統，進行摧毀、壓制，以局部作戰逼迫敵方就範。其先決條件是科技能力，如以色列攻擊伊拉克核子反應爐，美軍出動隱形戰機、精密控制的巡弋飛彈，轟炸伊拉克軍事要塞等。作者似不大明瞭此種戰術的要件，中共其實並無美軍發動科技戰的能耐。此外，台海天塹的地理障礙，也使中共無法在短期內輸運大量地面部隊佔領台灣。台灣自不可能與伊拉克一樣束手就縛。」林郁方說。

■紙包不住火，我方不致一無所悉

林郁方認為，書中自戰事前一、二年，至發動凌晨零時攻擊前十分鐘，鉅細靡遺臚列中共攻台準備，其中不乏重大軍事異常現象，台灣方面不可能毫無所悉，國際間也不可能都被蒙在鼓裡。即使指管通情中樞全遭破壞，由於台灣劃分北、中、南軍團，及花東、金、馬、澎湖等防衛司令部，「各戰區均能獨立作戰，又豈會束手無策？」

一般分析，中共可能的犯台途徑包括：一、出動戰機，騷擾台灣空防，以影響台灣社會秩序、民心士氣；二、以戰術彈道飛彈突擊主西海岸，造成恐慌；三、發動大陸漁船騷擾我近海海域；四、攻佔外島；五、封鎖台海。

一般亦研判，中共基於戰爭成本，現階段作戰能力，及台灣四十多年建設不易的成果，即使對台動武，亦不致要摧毀台灣。在有限戰爭原則下，封鎖台海和攻佔外島，應最能達成「以戰逼和」目標，而不大可能在台灣本島發動戰事。

至於書中附錄唐朝李淳風、袁天綱合撰之《推背圖》，及相傳清朝僧人黃檗禪師所著《禪師詩》，以「佐證」其論點的作法，也有人指出有商榷餘地。

以《推背圖》為例，據最早的記載，應可追溯至元順帝至正六年（一三四六年）《宋史》中的「藝文志卷」。日本昭和八年（一九三三年）以前出版的《大漢和辭典》、《大百科事典》，均述及《推背圖》相傳出自李、袁之手。

■版本、解法不同，結論各異

然而由於年代久遠，版本甚多，加上後人穿鑿附會，皇帝為求宗室帝位穩固而示意竄改，及江湖術士假古人之名刊印不同版本，而今何者為真本，已甚難稽攷。

精於占卜、堪輿，經常往來兩岸的劉台杜指出，兩岸傳本不僅圖、讖出入甚大，解讖之法也大相逕庭。

《推背圖》計有六十組卦象，每一象按天干、地支排列歲次。劉台杜說，台灣的解法按卦象排列順序，從頭推算朝代興替；大陸則以歲次上的圖、讖，推算流年運勢。

「嚴格說來，真正能識破天機的人，都會謹守『天機不可洩露』的分際。因此書中明明白白將預言解透，有違常理。」劉台杜以為。

然而不管是否相信中共有對台動武的準備，或天機是否顯露異兆，書中所提若干警語，似也不能等閒視之。

對中共攻台說法持反對論點的林郁方、蘇進強咸認，中共大張軍備、密集演訓，不排除「衝著台灣來」的可能。台灣方面應有的態度是：「既不能視而不見，也不宜杯弓蛇影。應保持高度關切，但不恐慌。」

劉台杜以佛家觀點認為，「定數」在佛家稱為「共業」（共同的業障），假使國人心存惡念、互扯後腿、分崩離析，惡緣就會趁虛而入；反之則安。

戰略學者宿孔令晟將軍主張，量敵應從寬，評估自己則從嚴，一切要做最壞的打算與準備。以這樣的認知，來看待中共武力犯台的可能性，或許不失為上策。

附圖

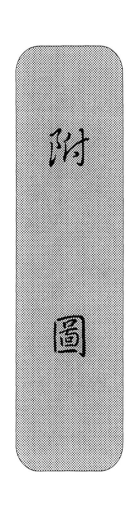

附件一　中共七大軍區

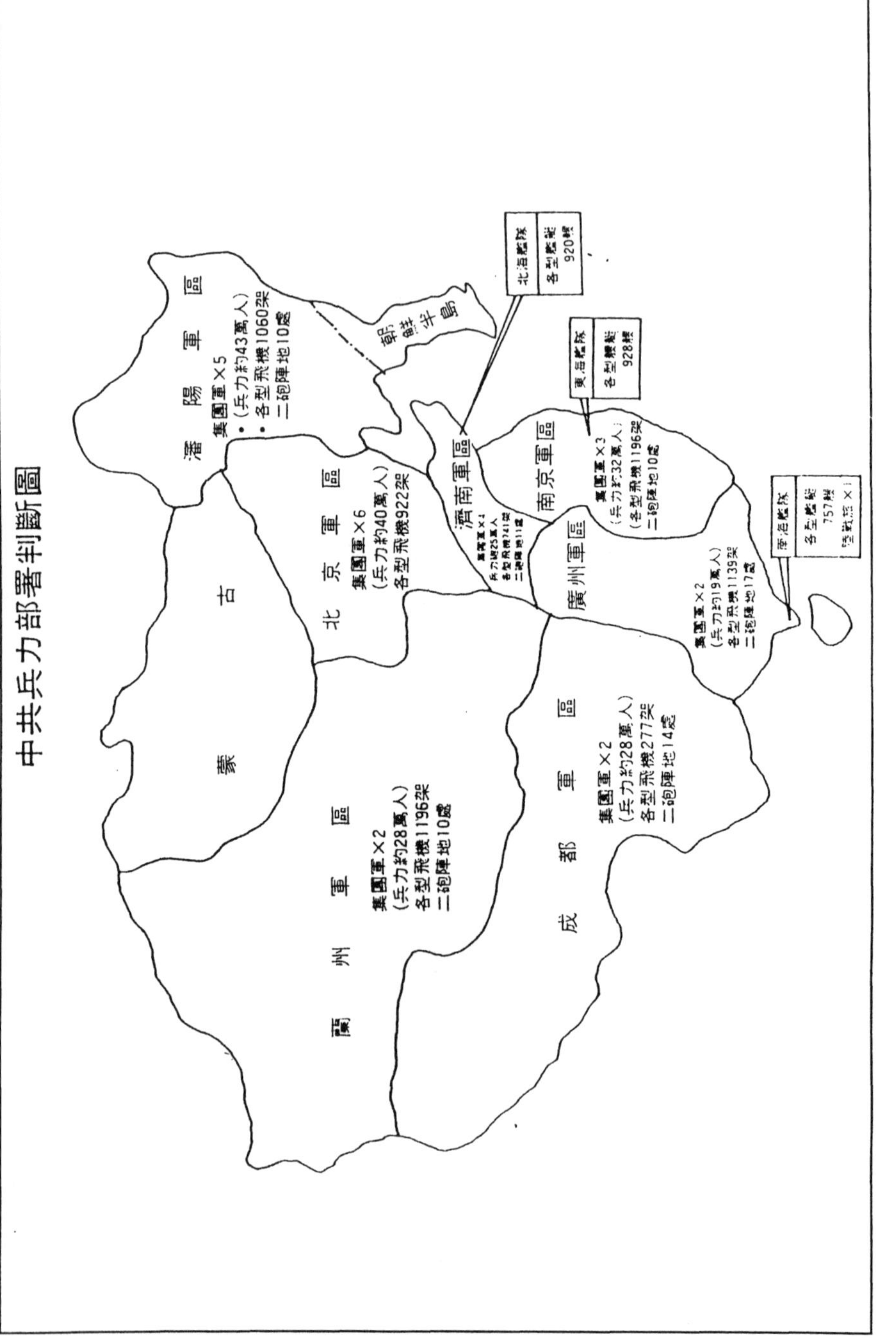
中共兵力部署判斷圖
瀋陽軍區
集團軍×5
•（兵力約43萬人）
•各型飛機1060架
二砲陣地10處
朝鮮半島
北海艦隊
各型艦艇
920艘
東海艦隊
各型艦艇
928艘
北京軍區
集團軍×6
（兵力約40萬人）
各型飛機922架
蒙古
濟南軍區
集團軍×4
兵力約25萬人
各型飛機741架
二砲陣地11處
南京軍區
集團軍×3
（兵力約32萬人）
（各型飛機1196架
二砲陣地10處
廣州軍區
集團軍×2
（兵力約19萬人）
各型飛機1139架
二砲陣地17處
南海艦隊
各型艦艇
757艘
陸戰旅×1
蘭州軍區
集團軍×2
（兵力約28萬人）
各型飛機1196架
二砲陣地10處
成都軍區
集團軍×2
（兵力約28萬人）
各型飛機277架
二砲陣地14處

附件二　中共民兵組織與領導關係表

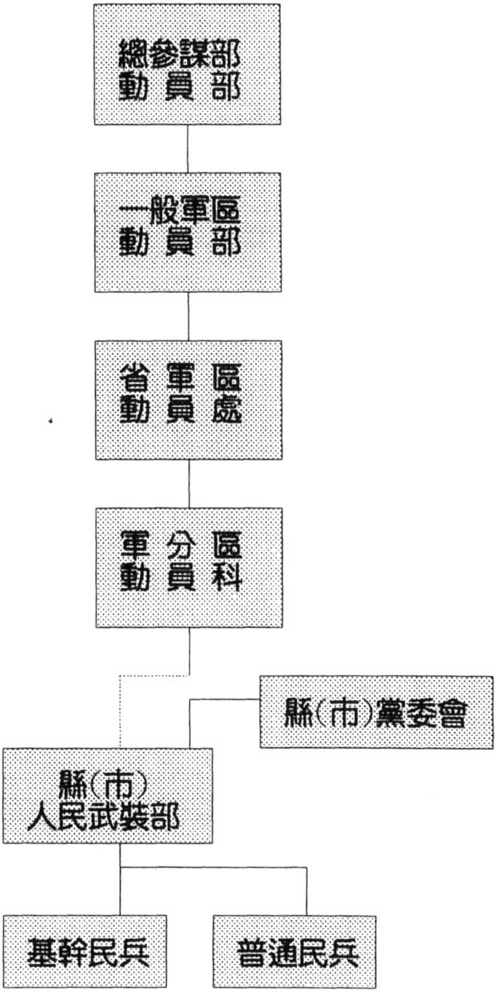

附註

1. 城市以民兵人數多寡編為團・營・連・排・班
2. 農村以村為單位編營成連、基幹民兵以人數多寡編連・排，班・，普通民兵編排・班

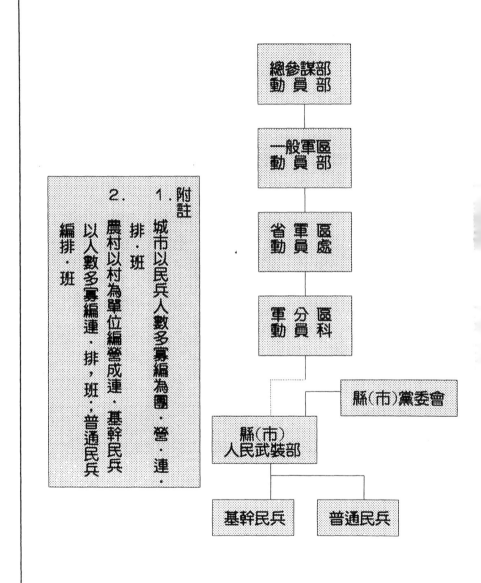

附件三　中共陸軍地面主要武器研發概況判斷表

名　稱	概　況	備　考
155 ・203 公厘砲	發展成自走，履帶式，射程增加	全球防衛雜誌，99期，81,11版
【九O】系列坦克	研發中(最大行駛距離500公里)	
【紅箭八】	反坦克導彈，研發中	
【紅箭七三】	反坦克導彈，研發中	
【紅纓六】	防空導彈，研發中	
【M族】導彈	開始服役，持續研發	

附件四　中共海軍武器裝備研發概況判斷表

名　稱	概　況	備　考
旅大級驅逐艦	加裝C-801艦對艦導彈、方陣快砲	中國時報83・6・5
南昌級驅逐艦		
江湖級F22驅逐艦	研發中	
夏級「093」型核子潛艇	1997年前建造6艘，配備JU-LONG彈道飛彈	國防譯粹81，9刊本
漢級核子潛艇	建造中（加裝法製DUUX-5型聲納）	國防雜誌82，5刊本
明級「035」型潛艇	1998年前建造6艘	國防雜誌82，5刊本
直昇機母艦	由RORO級貨輪改裝，研發中	國防雜誌82，4刊本
航空母艦	十年內自行建造	國防雜誌82，4刊本
氣墊船（含沖翼艇）	主要有716，7212，7203，719，711，712等各型	國防雜誌82，元刊本
船塢登陸艦	研發中	
「DDG　」型飛彈驅逐艦	1998年前建造七---十艘	國防雜誌82，5刊本
「AOR」遠洋補給艦	1998年前完成六艘	國防雜誌82，5刊本
「大江級」潛艇支援艦	1998年前完成六艘	國防雜誌82，5刊本

附件五　中共空軍主要武器研發概況判斷表

名稱	概況	備考
轟六	加裝空中加油系統	中國時報82・9・25
轟七	研發改良中	中國時報82・9・25
殲七（J-7）	發展成各種型	自由時報83・11・17
J-8, J-9, J-10	研發中	自由時報83・11・17
XJ-10 戰機	2000 年開始服役	自由時報83・11・17
JH-7 戰機	全天候戰機，接近完成	

附件六　中共近年重要武器外購（含計畫內）概況判斷表

區分	名稱	概況	備考
陸軍	T－72型戰車	40部，最大行駛距離五00公里	
	S－三00飛彈	十八套，一九九五年前交貨	中國大陸研究83・5
海軍	【基洛】級潛艇	四艘，一九九五年內交貨	中國時報83・11・18
	【薩得拉】氣墊船	十艘	
	【雪龍號】科研船	一艘	
空軍	SU－27戰機	全天候戰機，接近完成	中國時報82・4・25
	TL－76運輸機	十架，長程	中國大陸研究83・5
	MIG－31戰機	二000年前在瀋陽飛機製造廠組裝200架	
	MIG－29戰機	九0架	
	逆火式轟炸機	洽購中	中國大陸研究83・5
	幻象2000戰機	已購入兩架	
	運十二運輸機		

附件七　中共戰略導彈研發概況判斷表

名稱	概況	備考
巨浪　型潛射飛彈	研發完成，射程6000-8000公里	
東風２１(CSS-5)	改良「巨浪一號」而來，未來取代東風三號	射程750-2200公里
東風２５號	射程1700公里，發展中	具攜帶二千公斤彈頭載荷能力
東風４１號	射程12000公里，預估西元２０００年服役	三級火箭發動機為推動器，相當百萬頓黃色炸藥
東風３１號	研發中，射程8000公里，已試射成功	
Ｍ１２，Ｍ１３	研發中，最大射程Ｍ１２是150公里	Ｍ１３最大射程900公里

附件八　中共主要氣墊船性能諸元表

型　式	722型	716 II 型	7212 型	7203型	719型	717 II/III 型
重量(噸)	65	18.6	4.7	35	95	22
載重(噸)	15	2.5	0.8	100人	186人	70人
長(公尺)	27.2	17.9	9.85	22.2	35.5	21.2
寬(公尺)	13.8	8.3	3.4	6.9	7.6	4.9
時速(浬)	55	39	25	30	25	23
續航力(小時)	3	3	5.5	6	20	6
用　途	兩棲突襲	離島運補	沼澤區運補	人員運補	人員運補	內河運補
武　裝						
備　考						

附件九：兩岸陸軍戰力比較表

中國大陸	台灣	比較
兵力　220萬人	兵力　289000餘人	8:1
7大軍區	五個作戰區	
24個集團軍	三個軍團	
80餘步兵師	十個步兵師	
20個坦克師(旅)	(戰車群1,裝甲旅6)	8:1
30餘砲兵師(旅)	2個機械化師	3:1
32個防空旅	(預備師7,動員師3)	
	2個空降旅	
	2個航空大隊	
	2個飛彈群	
戰車　10000輛	戰車　1270輛	8:1
裝甲運兵車　5000輛	裝甲運兵車　1400輛	
火砲(牽引、自走)15000門	火砲(牽引、自走)1415門	10:1
多管火箭砲　1000門	多管火箭砲	
防空火砲　10000門	天弓、鷹式、力士飛彈	
戰術導彈 M9,M11	AH-1W.OH-58D 直升機	
	直升機82架	
全球防衛雜誌,115期:台灣陸航部隊(AH-1W.OH-580),天弓飛彈連,已於82年底成軍,機械化師正換裝M-48H勇虎戰車.		

附件十:兩岸海軍戰力比較表

中國大陸		台灣		比較
兵力	35萬人	兵力	68000餘人	5:1
3個艦隊		2個驅逐艦隊		
海軍防衛司令部		2個陸戰師		
陸軍隊司令部		(其它:潛艇.兩棲.水雷.		
海航指揮部		海航,等若干部隊)		
潛艇	約百艘	潛艇	4艘	25:1
驅逐艦(旅大.南昌)	21艘	驅逐艦	34艘	1:1
水面作戰艦	30艘	護衛艦	10艘	
飛彈快艇	100艘	飛彈快艇	52艘	2:1
兩棲艦艇	40多艘	海岸巡邏艇	70艘	
小型勤務支援艦	千艘0	飛彈巡防艦		
飛機	1000多架	S-70C　反潛直升機		
轟五、轟六	140架	多管火箭砲		
強五	50架	天弓、鷹式、力士飛彈		
殲六	500架	AH-1W.OH-58D 直升機		

附記:台灣飛彈巡防艦已於82年5月成軍(全球防衛雜誌,106期),配備「標準一型」飛彈,船速29節,向美國承租6艘「諾克斯級」巡防艦於83年內可獲得成軍(全球防衛雜誌,115期)

附件十一　中共潛艇統計判斷表

來源 型	全球防衛雜誌	國防譯粹	國書	中時	自時
W級 (0.3型)	共完成21艘 (目前僅訓練用)	15-20 艘	各型式潛艇百餘艘		R級84艘，其他各型9艘 （美國中情局：R級可用34艘）
R級 (033型)	約90艘(各艦隊30艘,目前可用40艘)	84 艘		33艘	
武漢級 (ES5G)	數目不詳 (033型改裝而成)				
G級 (GOLF)	數目不詳				
明級 (035型)	13艘(?)　全部署在東海戰艦	10 艘 (2-3艘建造中		11艘	
漢級 (核子動力)	4艘（1艘已除役）	12 艘 每艦隊4艘		5艘	
夏級 (戰略導彈)	2 艘	3 艘 每艦隊1艘		1艘	
合　計	130餘艘	約129艘	百餘	50艘	93艘
扣除役,訓練	約60艘	百餘艘	百餘	50艘	43艘
附　記	全球防衛雜誌93期,國防譯粹81,9刊本 國書:民國83年國防報告書 中時:中國時報83.6.5日及11.24日 自時:自由時報83年11月21日				

附件十二 兩岸空軍各型飛機判斷表

中國大陸		台灣	比較
殲擊機四千多架	殲２ 100架	ＦＥ５（含Ｆ５） 303架	10:1
	殲４ 250架	Ｆ１０４ 94架	
	殲５ 400架	ＡＴ３ 20架	
	殲６ 3000架		
	殲７ 550架		
	殲８ 250架		
		ＩＤＦ戰機 34架	
ＩＬ－７６ 10架			
ＳＵ－２７ 26架		Ｓ－２Ｔ 反潛機	
運兵機 400餘架		運輸機 100架	
直升機 100多架		直升機 68架	
強５ 500架			
其他各型飛機約 5000架（含轟炸機，運輸機，直升機）			
兵力 37萬人		兵力 68000人	5:1

資料來源：
1.民國83年國防報告書，全球防衛雜誌95期
2.中國時報82年4月25日，83年3月16日、6月5日

附件十三　東風系列飛彈諸元判斷表

名稱 型別	長度（M）	直徑（M）	爆炸當量	最大射程（KM）	現況	備考
東風 2 號（CSS-1）	22.4	1.6	15-20 KT	1800	訓練用	
東風 3 號（CSS-2）	20.6	2.4	3MT	2800-3100	主力	
東風 4 號（CSS-3）	27.6	2.4	3MT	5000-7000		
東風 5 號（CSS-4）	32.4	3.35	3MT	13000		
東風21號（CSS-5）	10	1.4	4-5MT	射程可達歐洲、南美洲		
東風31號			70KT	8000		

附件十四　M族系列飛彈諸元判斷表

名稱 型別	長度（M）	直徑（M）	射程（M）	誤差（M）	現況	備考
M－9	9.1	1	600	200~300	已進駐福建	傳統、化學及核彈頭
M－11	9.1	1	290	100~300	已進駐福建	傳統、化學及核彈頭
M－12			30~150	約120		
M－13			200~900			

附件十五　海峽兩岸總戰力比較

<table>
<tr><th colspan="2"></th><th colspan="2">大陸</th><th>台灣</th><th>比較</th></tr>
<tr><td rowspan="17">有形戰力</td><td>兵力</td><td colspan="2">302萬</td><td>425000人</td><td>7：1</td></tr>
<tr><td rowspan="5">陸軍</td><td>坦克</td><td>10000輛</td><td>1270輛</td><td>8：1</td></tr>
<tr><td>裝甲運兵車</td><td>5000輛</td><td>1400輛</td><td>3.6：1</td></tr>
<tr><td>火炮</td><td>15000門</td><td>1415門</td><td>10：1</td></tr>
<tr><td>多管火箭砲、防砲</td><td>11000門</td><td></td><td></td></tr>
<tr><td></td><td></td><td></td><td></td></tr>
<tr><td rowspan="5">海軍</td><td>潛艇</td><td>60艘</td><td>4艘</td><td>15：!</td></tr>
<tr><td>驅逐艦</td><td>21艘</td><td>24艘</td><td>1：1</td></tr>
<tr><td>飛彈快艇</td><td>100多艘</td><td>52艘</td><td>2：!</td></tr>
<tr><td>飛機</td><td>1000多架</td><td></td><td></td></tr>
<tr><td></td><td></td><td></td><td></td></tr>
<tr><td rowspan="3">空軍</td><td>各式戰機</td><td>4000多架</td><td>約400多架</td><td>10:1</td></tr>
<tr><td>ＳＵ－２７</td><td>26架</td><td></td><td></td></tr>
<tr><td></td><td></td><td></td><td></td></tr>
<tr><td>導彈</td><td colspan="2">各式中、長程飛彈
約百枚</td><td></td><td></td></tr>
<tr><td>無形戰力</td><td colspan="5">政治制度、戰爭意志、部隊士氣、國民精神</td></tr>
</table>

附件十六　共軍1994年下半年七次重要演習示意圖

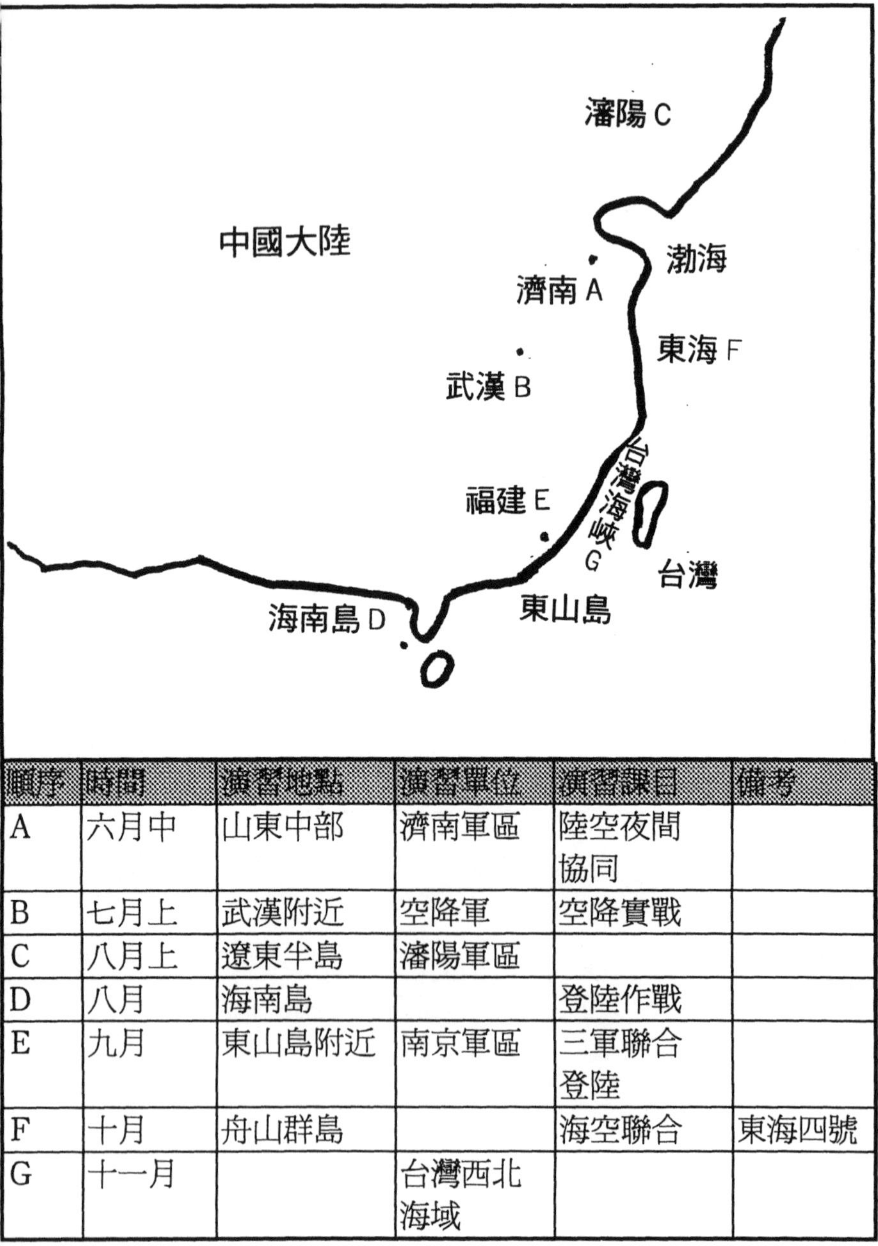

順序	時間	演習地點	演習單位	演習課目	備考
A	六月中	山東中部	濟南軍區	陸空夜間協同	
B	七月上	武漢附近	空降軍	空降實戰	
C	八月上	遼東半島	瀋陽軍區		
D	八月	海南島		登陸作戰	
E	九月	東山島附近	南京軍區	三軍聯合登陸	
F	十月	舟山群島		海空聯合	東海四號
G	十一月		台灣西北海域		

附件十七　「東海四號」演習示意圖

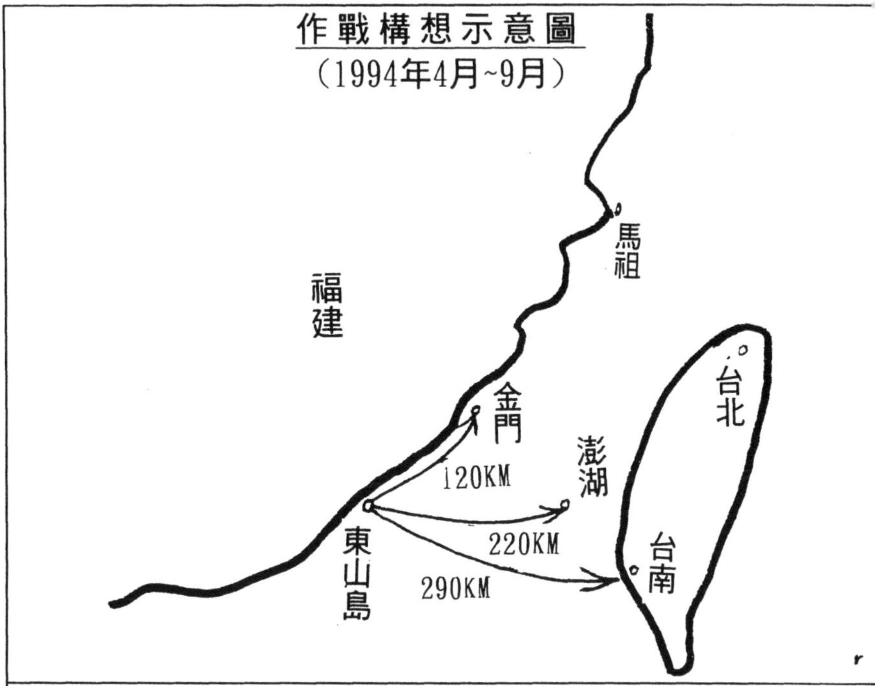

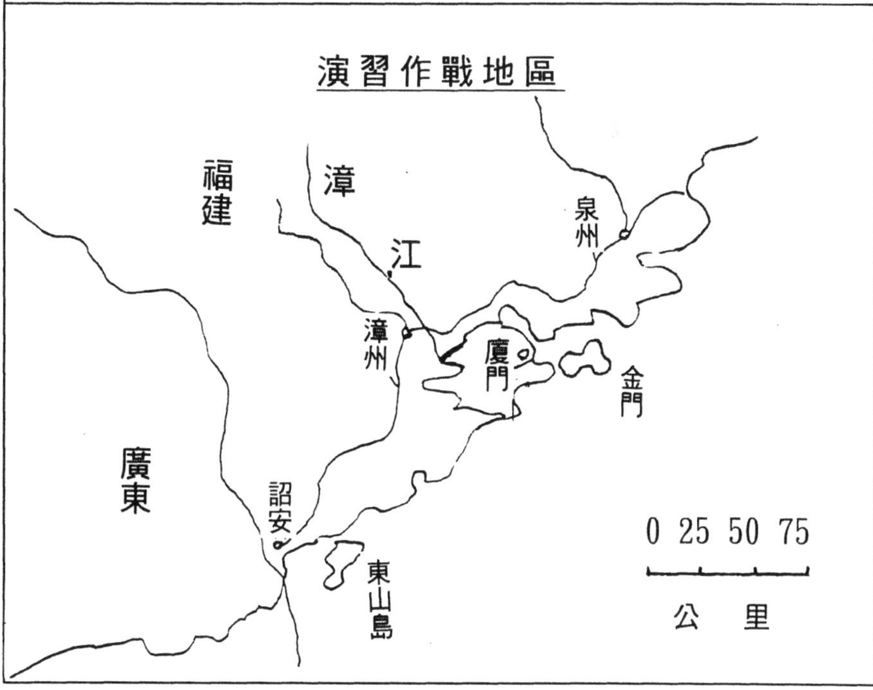

附件十八　權威體制過渡到民主體制類別

政權領袖是否贊成民主化

民主化的速度	政權領袖贊成 有共識的 Consensual	政權領袖反對 沒有共識的 Non−Consensual
漸近的 Gradual	I 漸近民主化 Incremental Democratization	II 透過拖延及革命的 鬥爭過渡 Protracted Revolutionary Struggle
快速的 Rapid	III 交易性過渡 Transition Through Transaction	IV 透過破裂的方式過渡： a.革命Revol b.政變Coup c.崩潰Collapse d.解脫Extrication

附件十九　第一波對台攻擊兵力能力判斷

類別		裝備	兵力
兩棲正規輸力	有渡海能力	兩棲艦60艘	2個加強師
	近岸艦對岸	兩棲艇300艘	3個師
兩棲非正規輸力	商船	180艘(南京軍區)	4個師
	機漁船	13500艘(80%計)	27萬人
空　降	空軍空運	空運機約百架	傘兵　2500人
	陸軍機降	直升機約300架	2000人
附　記：戰略導彈兵力未計，直升機目前只能對我外島作戰			

附件二十　中共空軍空降兵兵力部署判斷表

部隊單位及番號		駐地	備考
第十五軍	司令部	湖北孝感	
第四十三師	司令部	河南開封	
（濟南軍團）	127傘兵團	河南開封	
	128傘兵團	河南開封	
	129傘兵團	河南開封	
	砲團	河南開封	
第四十四師	司令部	湖北應山	
（廣州軍團）	130傘兵團	湖北應山	
	131傘兵團	湖北應山	
	132傘兵團	湖北應山	
	砲團	湖北應山	
第四十五師	司令部	湖北黃陂	
（廣州軍團）	133傘兵團	湖北黃陂	
	134傘兵團	湖北黃陂	
	135傘兵團	湖北黃陂	
	砲團	湖北黃陂	

附註：1.總兵力約30,000人　　2.適合空降運輸機81架
3.空降(投)能力估算：第一次：傘兵2483人；物質593噸　第二次：傘兵2787人；物質533噸
第三次：傘兵2302人；物質427噸
4.附件二十.二十一資料來源：陸軍學術月刊352期(83.12,16)

附件二十一　中共空軍空降兵師組織系統判斷表

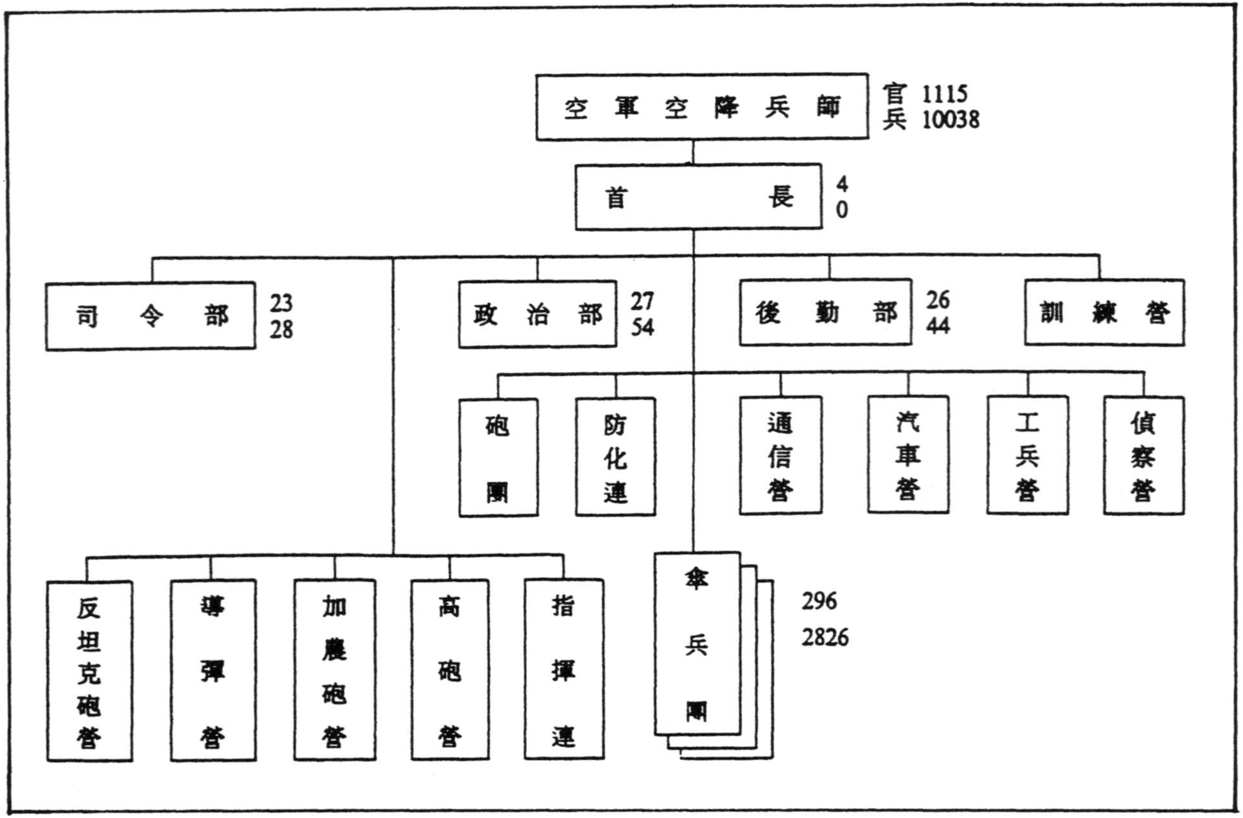